中国经济的底气

未来经济高质量发展的路径

吴敬琏 周小川 等◎著　　财新传媒◎选编

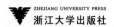

浙江大学出版社

图书在版编目(CIP)数据

中国经济的底气:未来经济高质量发展的路径 / 吴敬琏等著. — 杭州:浙江大学出版社,2020.7
ISBN 978-7-308-19987-2

Ⅰ. ①中… Ⅱ. ①吴… Ⅲ. ①中国经济－研究 Ⅳ. ①F12

中国版本图书馆 CIP 数据核字(2020)第 020521 号

中国经济的底气:未来经济高质量发展的路径

吴敬琏　　周小川　等著　财新传媒选编

策划编辑	顾　翔
责任编辑	程一帆　顾　翔
责任校对	黄梦瑶　杨利军
封面设计	VIOLET
出版发行	浙江大学出版社
	(杭州市天目山路 148 号　邮政编码 310007)
	(网址:http://www.zjupress.com)
排　　版	杭州朝曦图文设计有限公司
印　　刷	杭州钱江彩色印务有限公司
开　　本	880mm×1230mm　1/32
印　　张	7.625
字　　数	171 千
版 印 次	2020 年 7 月第 1 版　2020 年 7 月第 1 次印刷
书　　号	ISBN 978-7-308-19987-2
定　　价	58.00 元

"开放与合作"是实现经济增长的关键

保罗·罗默

2018 年诺贝尔经济学奖得主

经济学家最重要的工作之一就是研究一个国家的经济现状。一个国家的经济增长受到这个国家人民的控制。无论是像美国这样成为技术领袖的国家,还是发展中国家,都是如此。在经济增长方面,中国经历了 40 多年的改革,现在仍在追赶世界经济"领头羊"。

应该肯定一个国家的领导者的正确决策可以为经济增长带来好处。此外,我们需要牢记一点,那就是改变总是会发生的。举个例子,在第二次世界大战之前,美国有大概 9％的诺贝尔奖获得者,主要在物理学、生理学或医学、化学领域。而等到战争结束之后,这个比例超过了 52％。这是一个巨大的进展。为什么会发生这种改变?这是因为美国政府和美国人民认为,需要对诺贝尔奖的相关领域投入更多,而且美国非常欢迎来自欧洲的科学家。这两个决策，让美国的科技有了巨大的发展。

美国之所以在第二次世界大战之后可以做到上述转变，还有一个原因是，100年前美国致力于建立大学体系，每个州都拥有本州的大学。而很多大学所关注的都是实用技术领域的问题，虽然不是通常诺贝尔奖所关注的高端科研领域，但是它们做得非常好。这些大学在电子工程、化学工程等领域使美国成为全球的领导者。而且，它们在实用技术领域的优势，使得它们的专家有更好的条件去挑战诺贝尔奖级别的课题。

回到中国，当历史学家回顾中国最近几十年的历史时，最重要的一个变化就是"决定进行改革开放"。改革开放对中国产生了相当深远的影响，对世界也产生了深远的影响。当一切都在发生变化的时候，其中有一些变革具有颠覆性的力量，中国的改革开放就具有这种力量。我们可以看到，这也是当今世界最乐见其成的发展力量。中国在邓小平的领导下，作出改革开放的决策，以此作为经济发展的工具，以期实现更快的经济增长和更进一步的对外开放。在这个阶段，中国还做了其他许多事情，比如说，提升国内的工程和科研实力，以及不断提升本国大学的科研水平，争取在各个科学领域中获得诺贝尔奖级别的成绩。我希望提醒中国朋友的是，当你们在考虑本国科学体系发展的时候，不要忘记美国在第二次世界大战之前就已经在发展这个体系了，在这方面你们完全可以借鉴美国的经验，然后在科研领域里获得更大的成功。

我再举一个有关进一步追赶和开放的例子。在中国航空领域发展的早期，中国航空死亡率比美国要高，而到2008年北京举办奥运会之前，中国决定在航空领域和美国进行合作。作为先行者，美国清楚地知道应该如何更好地保障民航的安全,而且对中国的同行进行了一些培训。在很短的时间内,中国的航空死亡率就降低了10％,从而达到和欧美国家相近的很低的水平。这是一个非常积极的、通过开放和合作获得成功的例子。

我们应该知道,不同的国家彼此之间并不一定非得是竞争对手。在一些领域里,一个国家或者一个企业可以与另一个国家或者企业产生竞争,也会和其他国家及企业产生贸易上的摩擦。但是我们共同关心的,也是最重要的,应该是那些新的、有价值的事物。无论是在美国,还是在中国,无论这些新事物是在哪里被人类创造和发现的,都可以被全球所有人共享,比如航空安全能力的提升,比如癌症治疗技术的发展。

在不久的将来,也许人类可以大幅度降低癌症的发病率,这样的突破可以来自中国,而不是只来自美国。只要中国的创造性突破能够跟美国分享,美国人也会从中受益。我认为,最重要的就是这种分享,而不是哪个国家的专家因此获奖,或者哪家公司从中获取了更多的经济利益。

人们总是觉得,我们所追求的经济增长是在国家控制之下实现的。但其实增长与上述问题是有关的。在这个世界上,我们不应该是敌人,不应该是对手,我们是可以合作的,而且我们应该相互帮助。这其中的道理正如我在前文所说的那样,一个地方发现的有价值的东西,可能在另外一个地方也是有价值的、可以使用的。因此,我建议中国在科学和技术领域要多关注美国的经验。

在教育领域,我们要有大思维。在美国内战期间,曾经有人建议创建新型大学系统,来解决务实的工程学方面的问题。当时很多人反对这样的想法,但后来该计划得以实行,从而改变了接下来美国经济发展的路径。因此，我们一定要有大思维、大战略。当我们进行增量改革和发展的时候，我们也应该去思考一些新的东西，而不仅仅只是仿制别人的东西。此外，我们要对教育系统的结果进行监测，而不是仅仅在这个系统中投入很多资源。我们需要对学生的学习效果进行测验，来确保学校的教育系统能够培养出更好的学生。我们不要假设"只要投入到位，这样的结果必然会出现"，这只是一厢情愿的想法。

此外，改革环节也非常重要。任何一个国家在人类历史上作出的重大决定，大多都涉及改革开放。在中国改革开放的过程中，城市化的整体发展让人感到惊讶。深圳作为改革开放的经济特区取得了巨大的成功。在30年左右的时间里，深圳每年GDP的增长都在20%的水平，这在人类历史上都可以说是绝无仅有的。我们可以想一想，我们还可以采取怎样的举措，来使另外一个拥有千万人口的城市取得类似深圳的成功，从而开启新一轮的改革？现在中国面临新的城市发展和城市化，在变革的思维当中，我们要把这些放在核心的位置上，参考此前的成功经验，发展新的治理模式。

我需要提醒的是，在未来发展的过程中，我们要警惕金融系统的巨大风险。在历史上，我们已经看到了一次又一次金融系统的崩溃和坍塌，这对经济产生了巨大的伤害。金融系统的崩溃给全球经济及各国民众带去的伤害甚至比核能爆炸更大。我们特别认真谨慎地监管核能，但是并没有用同样的谨慎来监管金融系统，这是一个巨大的错误。

最近一段时间，中美之间出现了越来越多的争议。我觉得中美两国最终一定会解决这些争议，当然中间过程会有一些波折，但真正的全球化的力量就是来自不同想法和创意的分享。

正如前面所说的民航交流合作的例子，中美进行合作，双方都会受益。我们不是竞争对手，我们也绝对不是敌人。我们必须牢牢地记住这两点。总的来说，我们在发展的路上会有一些摩擦，会有一些磕磕碰碰，但是在将来，对于中美两国来说，结果会是乐观的，而我们所取得的进展是没有终点的。

一个国家需要不断地作出决定，比如改革开放、创建新城、创建新式的大学系统。我们也可以不断地争论，发表不同的见解。但最终，我们需要采取实际的、积极的行动。只要我们继续这样做，我们就会持续地从中受益，整个世界也会因此变得更加美好。

（本文由财新传媒翻译整理。）

谋求中国经济更高质量的发展

吴敬琏　经济学家

回望中国改革 40 多年的历程,提高发展质量和推进改革开放,始终是贯穿其中的两条主线,也是时至今日我们依然必须面对的两个基本问题。如何解决这两个问题关系着中国的未来。提高发展质量的实质和核心是提高经济效益,我们对于提高经济效益和改革开放之间的关系的认识,经过了一个很长的过程。

早在 1981 年,全国人民代表大会批准了国务院提出的经济建设的十大方针。十大方针的核心要求就是"千方百计地提高生产、建设、流通等各个领域的经济效益"。十大方针明确地指出我国经济建设要围绕提高效率的目标进行,这就为制定经济政策提供了正确的判断标准。不过,十大方针也存在缺点,就是多少忽视了提高效率的基本动力在于良好的体制,应把工作重点放在直接调整产业结构、产品结构、技术结构、企业结构、组织结构、工业布局等经济结构上,而把体制改革和对外开放放在辅助地位。

因此,十大方针所规定的政策措施执行了两三年以后,就有人提出其中的一些决定违背了苏联式的社会主义工业化道路,导致这十大方针的执行开始缓慢下来，并最终停止下来。

　　针对增长速度很高但效率不高，因而很难持续的缺点，在1995年制定"九五"计划（1996—2000年）时，国家计委提出，要把增长方式从投资拉动的粗放型增长转变为效率驱动的集约型增长提到议事日程上来。在这次决策讨论过程中，我们对于转变经济发展方式和改革开放两者之间的关系有了更进一步的认识。通过分析苏联在20世纪60年代就提出了转变经济增长方式，但到体制剧变的1991年仍未实现的原因，我们认识到，不实施根本性的改革，改变苏联式的落后体制，就不可能实现经济增长方式的转变和效率的提高。所以，中共十四届五中全会在《中共中央关于制定国民经济和社会发展"九五"计划和2010年远景目标的建议》中，正式提出必须实现"两个根本性转变"的要求，即实现经济增长方式从粗放型向集约型转变和经济体制从传统的计划经济体制向社会主义市场经济体制转变，后一转变是前一转变的基础。由于适逢贯彻执行十四届三中全会决定的改革大潮，"九五"期间，"两个根本性转变"都取得了一定的进展。但是，在"十五"（2001—2005年）期间，产业"重型化"的结构调整成为经济工作的主线，借由政府主导的资本密集型产业和"造大城"的海量投资拉动经济增长，经济增长方式发生逆转，出现了粗放型增长的回潮。

　　面对粗放型增长回潮的状况，在2003年到2005年研究制定"十一五"（2006—2010年）规划的时候，爆发了一场关于工业化道路和经济增长方式的大争论。许多学者指出，我国的粗放型经济增长方式之所以会出现回潮的趋势，如同2003年《中共中央关于完善社会主义市场经济体制若干问题的决定》中所说，是因为"生产力发展仍面临诸多体制性障碍"，主要包括政府配置资源的权力过大，把GDP的增长看作政绩的主要表现，等等。

　　这次大争论的成果，是"十一五"规划重新规定以提高效率、转变增长方式作为经济工作的主线，并且要求按照中共十六届三中全会《中共中央关于完善社会主义市场经济体制若干问题的决定》的精神，通过多方面的改革来消除上述障碍。但是，由于市场化、法治化的改革没有取得进展，特别是在2004年"经济过热"以后采用行政手段"有保有压""有扶有控"地"调结构"，经济发展不平衡、不协调、不可持续的问题变得更加突出了。2010年，也就是"十一五"的最后一年，中共中央提出了"转变经济发展方式已刻不容缓"的警示。然而，直到"十一五"结束，经济发展方式转型仍然十分缓慢。

　　由于经济发展方式转型仍然没有取得明显成效，资源短缺、环境破坏、宏观层面的货币超发、债务积累、杠杆率升高，以及社会矛盾日趋严重，促使朝野有识之士发出重启改革议程的呼唤。

　　2012年的中共十八大不负众望，作出了"以更大的政治勇气和智慧，不失时机深化重要领域改革"的历史性决定，使中国经济改革出现转机。

　　中共十九大明确地指出，我国正处在转变发展方式、优化经济结构、转换增长动力的攻关期，必须坚持质量第一、效益优先，以供给侧结构性改革为主线，推动经济发展质量变革、效率变革、动力变革，提高全要素生产率，有效实现从高速增长阶段到高质量发展阶段的转变。不论是现代经济学的理论分析还是我国经济发展的经验都告诉我们，实现这一目标最重要的条件，是建立起一个好的体制，或如习近平总书记在中共中央全会上对十九大报告的说明中所说，构建市场机制有效、微观主体有活力、宏观调控有度的经济体制。

　　目前，我们具备构建这一体制的许多重要条件。2013年召开的中共十八届三中全会在总结我国改革和发展经验的基础上，制定了顶层设计和路线图。一方面,要求建设统一开放、竞争有序的市场体系,使市场能够在资源配置中起决定性的作用;另一方面,要求实现国家治理体系和治理能力的现代化。满足这些要求,就为我国向高质量发展转型提供了可期待的制度基础。

　　在这以后,中共中央和国务院陆续发布了在多个领域推进改革的具体方案和指导意见。可以说,新体制的"四梁八柱"设计已经基本齐备。现在的问题,只在于能否以"更大的政治勇气和智慧"把它们落到实处。总而言之,能否有效地执行上述决定、切实推进改革乃是发展转型成败的关键。

目录 Contents

第一部分

全球经济的十字路口

全球经济的十字路口

龙永图　中国入世首席谈判代表、原外经贸部副部长

朱民　清华大学国家金融研究院院长、国际货币基金组织原副总裁

巴尔舍夫斯基　美国前贸易代表

贸易战的三个负面影响

我认为全球经济的十字路口是一个在当下特别重要的课题。特朗普政府挑起的贸易争端无疑是当今世界金融最为不确定的因素。我担心贸易争端会对全球经济产生三个方面的负面影响：

第一，造成贸易增速进一步下降。全球金融危机以来，贸易增长一直处于温和的状态，已经低于危机前的水平。特别是由于人口老龄化和年轻一代的迁徙，人们消费偏好发生变化，更多地偏好服务、教育、医疗、旅游、文化等领域，对进口商品的需求已经下降，所以贸易争端会进一步引起全球经济增长的下跌，这对发展中国家和新兴市场国家的影响是非常剧烈的。

第二，对全球产业链配置的影响。经过了 15 年、20 年、30 年的发展，全球经济已经形成了完整的产业链。2018 年美国对 2000 亿美元产品加税以后，SDR① 投资急剧下降，因为投资者要看贸易战的趋势如何，才知道要怎么投资，才知道要在哪里配置资源和安排生产。中国是亚洲垂直供应链的主要国家和经济主体，贸易链的变化会带动整个亚洲地区、拉美，甚至全球的产业链变化，影响是巨大的。

第三，贸易冲突会影响全球的金融市场。因为信心受到冲击，我们在 2018 年下半年已经看到金融市场不断波动，甚至有大幅度的波动，特别是在新兴金融市场。贸易的冲击和影响存在迟滞，通常会迟滞两到三年，所以，今天的贸易争端对全球经济金融和产业链投资的负面影响顶峰会出现在 2020 年。2020 年是什么状况？2019 年全球经济增长逐渐放缓，美国因为强劲的财政政策刺激，在 2018 年达到 2.9％的增长速度，但 2019 年可能会跌到 2.5％，2020 年会继续往下跌。我和美联储前主席之前有一个谈话，他认为美国经济的潜在增长水平还是 2％，所以美国的经济增长率会从 2％到 3％，逐渐回落到 2％的水平。

经济增速放慢、公司盈利下降，会影响股市的估值。加上贸易的冲击和波动，会进一步造成股市的大幅度波动。持续的贸易争端会给已有的下行趋势和已有的金融市场的波动增加更大的不确定性。我希望贸易争端能够通过谈判妥善解决。

从现在看，贸易争端延续的可能性还是很大，所以，当我们说世界经济处于十字路口的时候，我们实际在问：2020 年全球经济会发生什

---

① 特别提款权（Special Drawing Right，SDR）是国际货币基金组织创设的一种储备资产和记账单位。——编注

么变化？到 2020 年,贸易争端会在什么程度上影响全球的经济和金融？

龙永图

全球贸易体系正面临五个层面的压力源

如今,全球贸易体系正面临比第二次世界大战以来任何时候都要大的压力,我们正处于一个非常艰难的时期。全球单边主义、贸易保护主义、民粹主义的抬头,不仅降低了全球经济的运行效率,也进一步加剧了全球政治的分裂。

在两次世界大战前夕,全球也面临着贸易紧张、国家分化的局面,国家之间零和竞争的经济政策虽然没有直接诱发战争,但绝对是导致战前紧张局面的原因。因此,全球贸易体系的压力也是全球分化局势的一种反映。

当前全球贸易体系正面临五个层面的压力源。

第一个就是中国和美国之间的激烈竞争。在经济竞争方面,美国谴责中国"不公平的"贸易行为。为此,特朗普政府采取了包括对中国 2500 亿美元进口商品加征关税等单边措施。作为回应,中国也采用了单边的关税措施。但是中国的措施相对谨慎,也更温和,我想这是很明智的。一旦大国间开始越过世界贸易组织(WTO)的多边规则,转向单边主义的贸易政策,将对全球产生负面的连带效应。如果一两个国家可以违反规定,那么所有国家都可以违反规定。

第二个是国内政策。尽管可以说,特朗普政府是二战以来最具保护主义倾向的美国政府,但仍需注意到,如今在美国国内,两党人士均表达了对全球贸易体系的怀疑。因为美国从金融危机中恢复的速度十分缓慢，这使得那些曾经被边缘化的反全球化观点如今成了主流。这无疑对全球贸易体系形成了压力。

第三个压力源是国家的行为，尤其是正处于贸易争端当中的美国不断地挑战和测试世界贸易组织实行多边规则的意愿。尽管世界贸易组织允许在危机发生时，各国可采取特殊措施，但其对"危机"的定义范围是狭窄的，主要指战争、经济危机等。如果一个国家在各个领域采取的具有保护主义倾向的措施，均是打着"保护国家安全"的旗号，这种姿态将侵蚀整个全球贸易体系，显然是极其危险的。

第四个压力源是世界贸易组织未能对世界朝向数字经济发展这一新兴趋势予以充分重视，这也是全球贸易体系面临挑战的原因之一。数字经济的贸易方式和逻辑，与传统的商品和服务贸易非常不同。在前者的冲击下，后者或将很难存活下来。但过去17年间，世界贸易组织却忽视这一趋势，依然在讨论那些传统的经济问题。如果世界贸易组织不能与时俱进，它就会变得越来越脱离现实，无所作为。

第五个则是缺乏良好的管理者。全球贸易体系使中国富有、美国富有，也使得世界上每个参与其中的国家都富有。因此，中美两国也有责任促进这个体系不断发展。如果缺乏负责任的体系维护者和管理者，全球将进入非常不幸的政治分裂、零和竞争的局面。

重重挑战之下，建立一个和平稳定的世界需要什么？

首先，中国的改革开放需要继续推进，美国也必须停止采取单边主义的措施。此外，即便是不同于传统经济贸易的数字经济，也必须适应于全球性的规则，这是因为，数字经济并不单独属于任何一个国家，但未来经济的增长却是属于所有国家的。

技术能通过迅速提高生产力、淘汰落后劳动力来对就业造成颠覆性影响，而贸易政策引发的就业变化则是缓慢而温和的。尤其对发达国家而言,重要的不仅是改变国内政策,也需要在全球层面整合贸易政策,寻求体系的变革。

有人问我,中美贸易摩擦中,谁的损失更大?我认为,由于美国相比中国,对贸易和出口的依赖相对更小,美国的损失可能更小;但无论如何都会有损失。当前双方加征关税主要是针对中间商品,美国的消费者对价格提升还没有直观感受;如果关税触及终端的制成品领域,势必对美国带来非常负面的影响,也将给特朗普政府带来更大政治风险。

中美之间超出贸易层面的制度和体系差异,是当前中美竞争的核心议题。尽管这种体系间的不同和矛盾很难解决,但中美双方都有义务作出尝试,通过创造规则,使两个体系产生一定的兼容性,从而缓解紧张局面。

朱　民

全球贸易体系到底走向何方

由于国际贸易保护主义和单边主义的强大冲击,全球贸易体系正在发生深刻的、复杂的、前所未有的变化。贸易体系、贸易体制不仅仅关乎当前的贸易发展,也关乎整个贸易中长期发展的方向。

全球贸易体系分为三个层次:以世界贸易组织为代表的全球体系,由几百个区域贸易协定组成的区域贸易合作体系,由几百个双边贸易协定组成的双边贸易体制。

这三个层次都正在发生深刻的变化。

第一,以世界贸易组织为代表的全球体系遭受到严重冲击,而且被严重边缘化。它本来承担着三项主要职能:(1)制定国际贸易规则;

（2）组织全球开放市场的谈判；（3）对国际贸易争端实施仲裁。而现在，世界贸易组织对于这三项职能都已经无能为力。可以说，十几年来也没有制定像样的国际贸易规则，只是达成"贸易便利化"的框架协议。在开放市场的问题上，世界贸易组织已经完全失去了自己的作用。在贸易争端的解决上，本来各国还寄希望于世界贸易组织，但是由于受到美国的主导，现在贸易体制也陷入瘫痪或者半瘫痪状态。所以，全球贸易体制确实处在自成立以来最危险，也是最脆弱的时期。

第二，关于区域贸易协定。区域贸易协定作为世界贸易组织的补充，在规则上甚至比世界贸易组织更严格，在市场开放度上比世界贸易组织谈判的成果更大。比如大家熟悉的欧盟，成员国甚至没有边境限制，也没有关税。世界贸易组织允许区域贸易协定的存在，是因为区域贸易协定在某种意义上引领着世界贸易组织发展的方向。

过去的许多年里，区域贸易协定如雨后春笋一般，一下子冒出来几十个、几百个。对这样一种现象，世界贸易组织最开始采取了一种容忍态度，而且一直提倡这些区域贸易协定不是排他的，而是开放的。同时，区域贸易协定的存在也引起世界贸易组织内部的严重分歧和争论。有些人认为，区域贸易协定正在挖整个世界贸易体系的墙脚，使整个世界贸易体系四分五裂。但是，也有一些人认为，在世界贸易组织的谈判没有取得重大进展的情况下，区域贸易协定正在强力推动整个国际贸易体系的发展，而且逐渐成为国际贸易体系中最有活力的一部分。

第三，双边贸易协定过去是作为一个非常极端的例外而存在的。当时最典型的双边贸易协定，就是美国和以色列签订的，因为美国想要绕开世界贸易组织规则的一些限制，给予以色列更多更大的优惠和支持。但是，此例一开，其他国家个个效仿，中国也不例外。

总之，现在看全球贸易体系确实令人非常担心。

那么，全球贸易体系应该怎么办？中国面对这样一个错综复杂，甚至是混乱的体系，应该做点什么？

我们还是要坚定地支持世界贸易组织的全球体制，支持它的权威性。无论怎样，世界贸易组织的全球体制是全世界100多个成员联合起来的多边体制，这一多边体制来之不易。目前来看，还没有其他组织能够替代世界贸易组织。所以，在这种情况下，还是要坚定地支持世界贸易组织，不能让它垮了，不能让它的规则、体系被颠覆。

我们应该支持世界贸易组织内部的改革。就算世界贸易组织不能与时俱进，我们也不能因此而抛弃它。应该把一些新的东西、新的议题带到世界贸易组织中去，以此支持世界贸易组织改革。特别是在数字经济等问题上，世界贸易组织应该有所作为。

现在区域贸易谈判中的许多新议题，如果比较成熟，也为各方所接受，我们能不能把它们带到世界贸易组织的会议厅中去，使区域贸易协定达成的一些共识能够成为世界贸易组织新的规则？比如TPP（跨太平洋伙伴关系协定，Trans-Pacific Partnership Agreement）涉及很多新的规则问题。这些问题可以被带到世界贸易组织去开展多边谈判，使TPP逐渐成为大家所接受的规则。如果不能成为全球规则，至少可以成为"诸边规则"。GPA（政府采购协定，Government Procurement Agreement）起初在世界贸易组织中就没有为所有成员所接受，是从"诸边协议"开始成为全球协定的。

我们应该支持一些企业在制定规则方面所作出的努力。中国企业阿里巴巴一直在推行eWTP（世界电子商务贸易平台，Electronic World Trade Platform）规则的制定，实际上跨境电子商务，甚至数字经济的很多规则体系并不是现成的，有企业把它总结出来，更多的企业参与了，也许就会成为一个规则体系的胚胎。鲁迅先生讲过，"世上本没有路，走的人多了，也便成了路"。本来世界上也没有什么规则，很多人都做了，很多企业都这样做了，便形成了惯例，达成了共识，也许就会成为规则的一些基础。

我们应该尽最大的努力，来支持世界贸易组织在制定国际规则体系方面继续发挥作用。特别要强调的是，美国应该放弃对世界贸易组织仲裁体系的一些不负责任的态度，使世界贸易组织仲裁体系更快地恢复正常运作。

世界贸易组织现处在不太活跃的时期，应该大力支持区域贸易协定，而且使区域贸易协定在某种意义上承担起当前世界贸易组织不可能承担的一些工作。

目前，我觉得在区域贸易体系建设方面有两个重点工作：

(1)由于全球经济重心已经转移到亚洲太平洋地区，目前在亚洲太平洋地区所举行的两个重要区域贸易谈判最应该值得关注。一个是TPP。这个协定总体来讲是积极的，因为它正在解决一些全球贸易规则必须解决的问题，正在对全球最近十几年来出现的新的经济贸易现象给出自己的答复。虽然当年中国有些人曾对TPP有过一些抱怨，但深思熟虑以后，中国政府表现出了积极的态度。李克强总理在博鳌亚洲论坛会议上曾讲过，中国对TPP持开放态度，乐观其成，也就是希望它成功。但令人遗憾的是，特朗普上台以后，第一件事情就是退出TPP。大家原来都认为，没有美国的TPP是没有意义的，但是我们很高兴地看到，以日本、澳大利亚为代表的一批国家重新推动了TPP的进展，开始推进CPTPP(全面与进步跨太平洋伙伴关系协定，Comprehensive Progressive Trans-Pacific Partnership)。所以，我们应该关注没有美国的TPP的发展，应该考虑参与CPTPP的谈判。

(2)加快 RECP(区域全面经济伙伴关系,Regional Comprehensive Economic Partnership)的谈判。RECP 是中国参与在内的区域贸易协定。2018 年,李克强总理在新加坡宣布 RECP 已经达成近 80％的协议。

在区域贸易协定的谈判当中,要加强 RECP 和 CPTPP 的谈判,使它们成为全球贸易新的发展动力。

关于双边贸易协定。双边自由贸易协定既然已经成为大家的选择,只能顺其自然。但在推动双边自由贸易协定的谈判中,我们要保持警惕,采取更加慎重的态度。

总之,目前全球贸易体系确实面临重大挑战。但是,我依然对全球贸易体系在新形势之下被重新激活、成为受大家共同认可的全球贸易体制抱有希望。希望在困难的时候,大家不要忘记全球贸易体系被重新激活的可能性,要致力于创建一个互相合作、更加开放与互补的贸易体系。

巴尔舍夫斯基

防范下一次经济危机

黄益平　　北京大学国家发展研究院金光经济学讲席教授、副院长

罗伯特·霍马茨　美国国务院前副国务卿、基辛格事务所副主席

姜建清　世福资本董事长、中国工商银行原董事长

李纪珠　新光金控副董事长

我们面临的几个挑战

距离上次全球经济危机已经超过 10 年,现在世界经济大致已经走出了之前的困境。放眼世界,各国各地区的经济已经开始温和地恢复。当然,除了美国以外,其他一些国家和地区的经济增长态势相对还比较疲软。所以,其实我们还远远没有恢复到全球经济危机以前的经济态势。

但更重要的是,这些年以来,我们采取了很多的政策应对这场危机,包括货币政策、财政政策、金融政策,或者是改革政策。我的总体感觉是,货币政策非常激进,财政政策相对保守,而结构改革则步履

缓慢。

量化宽松政策对世界已经造成了很大的影响。从美国开始，土耳其、阿根廷、南非、俄罗斯都受到了影响。如果聚焦中国经济，我们会发现，这样的政策其实对中国也造成了比较大的影响。

举个例子。中国的货币政策，一方面面对的是美联储加息，中美利差不断缩小。

从另外一个方面来看，目前经济态势其实是在放缓，这可能意味着货币政策有一定的宽松压力。外部货币政策的紧缩，内部的经济疲软，使得我们央行的货币政策决策变得非常艰难。但这还不是我们现在碰到的最大的挑战。

中国经济现在碰到的第一个挑战是，杠杆率已经非常高；同时，我们有非常庞大的、没有被很好监管的金融创新机构、影子银行和互联网金融平台。在一定意义上，我们已经面对了全球危机以前世界金融体系碰到的一些问题。

第二个更重要的挑战是，全球可能都会不再奉行量化宽松政策。有很多人认为未来一两年世界经济有可能会重新走入经济危机。比如说，特朗普政府的一系列政策是为了应对经济失衡、贸易失衡的问题，但是其减税政策和增加投资的政策，也有可能在一定意义上扩大经济结构的不平衡，并造成金融风险的不断积累。

假如世界各国央行的货币政策开始收紧，美国和其他一些主要经济体有可能再次走入经济衰退期，这对我们来说意味着什么？我们应该采取怎样的一些措施？

黄益平

危机管理很难，但我们依然可以采取行动

我们必须了解历史，并以史为鉴。我们要知道为什么在国际金融系统当中，中美两国进行合作，对于避免另一次危机的出现是至关重要的。尤其是在目前的环境下，存在着非常多的紧张局势。

要想摆脱 2008 年那样的危机，中美两国的领导人必须进行合作。中国的央行和美联储必须进行合作，中国的财政部和美国的财政部必须进行合作，两国银行之间的合作也是至关重要的。

与此同时，全球性的经济组织也非常重要，比如国际货币基金组织（IMF）和世界贸易组织。20 世纪 20 年代出现金融危机时，还没有全球贸易体系，每个国家都要单独去应对自己国家的状况，因此出现了大规模的保护主义，这使当时的形势变得更加糟糕。

现在世界的金融体系面临着危机，我们必须知道，在最基本的层面上应该做些什么来应对这些危机。

考虑到目前的一些状况，我们必须关注中美两国之间的关系。但是，我们不能够按照过去的那种冷战式的框架来看待中美关系。不能说中美之间是对抗的关系。我们不能想象，现在全球层面的那些问题，能够以一种对立的关系去解决。想要解决那些问题，中美两国之间必须进行合作，因为这两个国家对全球贸易系统及国际金融系统都有着非常大的影响。

如果全球的贸易系统是有序的，金融系统也是有序的，中美两国就都可以从中受益。因此，两国必须携起手来，让事情走上正轨，这样我们自己的经济和全球的经济秩序就都不会受损。

过去的哪些措施使我们摆脱了危机？第一，长时间地保持低利

率。第二,强有力的财政刺激政策。我想这些措施是非常重要的,是正面的、积极的,使我们的世界摆脱了一系列的困难。当然,也由此创造了一种影响至今的态势。但问题是,上一次应对金融危机的工具在应对下一次危机时,是否同样有用?

虽然我们无法提前知道接下来是否会爆发危机,以及危机会是什么样的,但是,我们知道每隔一段时间都会出现某种类型的危机,只是我们不知道这些危机会来自于哪里、会持续多久、会有多严重。

那我们需要做些什么呢?

首先,我们要认识到,确实有一些机构是特别重要的。我们需要支持国际货币基金组织,支持世界贸易组织,避免全球秩序支离破碎。很多国家的经济体系当中存在着脆弱性,我们要通过支持国际货币基金组织和其他的机构,给它们提供政策支持,降低这些国家经济体系的脆弱性。

其次,中美两国确实出现了许多贸易摩擦,我们必须要意识到中美两国在全球系统中有着共同的利益,可以合作,共同改善全球秩序和全球贸易系统。我们要有足够强的韧性去应对可能出现的危机。

最后,我们要加强中美两国之间的对话。中美两国对于稳定全球秩序来说至关重要,一个良好的全球秩序会让我们双方从中受益。我们必须找到共同的利益点,看看存在哪些脆弱点,以及它们是如何影响经济的。我们还要建立两国个人和机构层面的关系,帮助我们识别问题,并预测危机。

罗伯特·霍马茨

新机遇与新的金融风险并存

当下全球经济金融结构失衡，各国债务高企，银行业集中度持续提高，针对影子银行的监管不足，全球金融体系的健康发展正面临严峻挑战。

2008年金融危机的根源是全球经济和金融结构的失衡。危机的爆发则是通过极具破坏性的方式来纠正这种失衡。然而我们看到，2008年至今，全球经济和金融结构的不平衡状态依然没有改变，发展的模式依然没有调整，消费、储蓄、投资和贸易失衡的现象依然广泛存在。

类似的失衡现象已开始再度威胁全球经济的稳定性。政治经济走势的高不确定性、地缘政治的高冲突风险、金融市场的高波动性，包括美国单边主义挑起的贸易冲突，已严重影响了世界经济的稳定发展，也为下次国际金融危机的爆发和蔓延埋下了种子。

全球各经济体的债务杠杆居高不下，也增加了全球金融系统性风险。各大央行在"后金融危机"时期广泛采取的量化宽松货币政策，导致信用扩张过度。仅美国、欧盟、日本、英国四大央行的资产规模，已经从金融危机前的低位，扩大至2017年的11万多亿美元。

至于全球范围的债务，据国际金融协会披露，已于2018年一季度攀升至247万亿美元的新高位，占全球GDP的比例升至318%，远超150%的警戒线水平，其中非金融机构债务则已升至186万亿美元。在杠杆过高的背景下，经济基本面与资产价格水平的差距正进一步拉大，这给下一次金融危机的爆发埋下了定时炸弹。

中国政府执行的"去杠杆"政策经过几年的努力已取得了初步效

果,但要想在保持稳健杠杆率的同时促进中国经济稳定增长,任务依然艰巨。

2008年金融危机带来的一个警示是应该对大型银行规模的扩张进行合理监管。当初,雷曼投行的破产使大家认识到了"大而不能倒"的风险。但如今,率先提出这一命题的欧美金融界却在逆势而行。全球主要经济体前五大银行的市场占比,已大幅提高至50%甚至90%以上,包括银行业集中度一贯较低的美国。银行业趋于集中的趋势,虽是源于为提高竞争效率而进行收购兼并,但规模的合理边界和负面效应亦不能忽略。

2008年金融危机带来的另一警示则是监管影子银行的重要性。当初庞大的影子银行生态系统、不透明的投资工具加剧了系统性的金融风险,但其后的金融管控并未明显地打击影子银行。

保守定义的全球影子银行部门,已从2010年的28万亿美元增至目前的45万亿美元,占全球金融资产的13%。其中最大的影子银行体系在美国,2016年的规模达到了14.1万亿美元。各国需警惕新型金融产品、高风险的借款者、降低的放贷标准、监管规则放松等风险积聚的信号。

影子银行问题同时困扰着中国,而且中国的影子银行规模正逐渐扩大。截至2016年年底,中国以广义口径测算的影子银行已将近96万亿元,达2016年全年GDP的1.28倍。不过中美两国的影子银行体系存在一定差异,美国的影子银行主要与金融衍生品相关,中国的影子银行则更多地牵涉实体经济。

中国对影子银行的监管应采取区分策略。对于确实"脱实向虚"的影子银行需要加强监管,而对其他的影子银行,则应将其纳入规范化的渠道,或者让其进入表内,使其能够继续发挥支持实体经济的作用。

失误的政策、失效的监管、失衡的社会和贪婪的人性，是金融危机的始作俑者。多种因素叠加则对危机推波助澜。金融危机在2008年已为全球敲响警钟，但"人类从历史上学到的唯一教训，就是人类无法从历史上学到教训"。

回顾全球金融危机以来的变化，我感觉到，在风平浪静的时候，人们往往会忘记惊涛骇浪的时刻。追求短暂"繁荣"，往往会导致繁荣的终结。自以为"理性"和"善意"的行为，往往带来了相反的效果。

在人们尚未完全吸取上次金融危机教训之时，世界经济金融发展已再次来到一个重要的转折点。如今全球金融体系与2008年已不复相同。新的发展机遇与新的金融风险同样巨大，如果不幸地选择以邻为壑、损人利己的贸易和投资保护主义，世界可能陷入新的危机甚至萧条，一个分裂的世界将放大危机的破坏力。今天的世界经济已经不可分割，各国之间需要紧密合作，无论是经贸发展还是危机处理。

姜建清

如何防范下一次金融危机

我不敢确定是不是会再出现像2008年这么大的金融危机。毕竟在那次金融危机中，主要产生问题的国家具有全球经济影响力，而且影响着全球货币政策的运作。

可是某些因素会不会造成一些比较大的金融波动？或者进一步的经济衰退？我觉得在处理不好的情况之下是有可能的。

那么，如何去防范下一次金融危机？我觉得至少可以做到一点，就是具有全球金融和经济影响力的经济体，不要制造额外的不确定性，避免加剧上一次金融危机给各国带来的后遗症。

回顾2008年的这场金融危机，虽然其对市场的冲击很大，但市场经济并没有被否定，我们更深层次地意识到了市场经济运作的局限性，以及其能够发挥更好效果的前提。

在2008年金融危机后，各国的金融监管机关，尤其是中央银行，都吸取了教训，就是认识到市场有它的局限性，从而进行了一些防范性的措施，包括缩表。但因为还有问题没有得到处理，稍有不慎就容易产生一些不必要的动荡。

很多地区的监管机关考虑到这些问题，监管就相对更为审慎，也就更为透明。世界各国在处理金融问题时，最害怕的就是不确定因素的干扰。目前这些不确定因素包括中美贸易摩擦、贸易保护主义。因为这些改变了全球供应链，从而影响投资和经济需求，最终导致经济衰退。

美国奉行保护主义是可以理解的，但美国在整个思维过程中，至少还应考虑到其行为对其他国家的冲击。如果特朗普政府的思维从"美国优先"变成"美国唯一"，那么将加剧前一波金融海啸留下的后遗症，并加大其他国家处理经济不稳定性的难度。

中国谚语讲，"以大事小以仁，以小事大以智"。齐宣王问孟子，怎样处理和邻国之间的关系呢？当时孟子回答的就是这句。在全球具有广泛金融和经贸影响力的国家，在考虑自身国家利益的同时，要以更宽容的心态看待其他国家还在进行的努力。发展中国家或者经济相对弱势的国家，则必须了解大国到底关心什么，对一个大国在全球贸易体系下提出的合理要求，也应该有智慧地进行回应。

李纪珠

经济下一步怎么走

楼继伟　全国社保基金理事会理事长，财政部原部长

单边主义、民粹主义和反全球化浪潮兴起，特别是由最有实力的发达国家挑头，短期内全球的经济形势不容乐观。如果处理不好，有可能触发新一轮的危机。

2008 年金融危机爆发之前，美国陶醉于"居者有其屋"的美国梦，对风险不关注，华尔街更是情绪高涨。面对已经出现的风险，政府、企业和社会都不作为，最终酿就危机。在 2016 年 G20 峰会上，奥巴马在表达歉意的同时，承诺与全球通力合作、拯救危机，并探索防范危机的长效机制。

与 2008 年危机前的情况类似，如今的美国也是信心满满，无视可能触发的危机。不同之处在于，上次美国政府是不作为，而现在却是逆历史潮流而动，主动作为。原先的"领头大哥"现在扛起了"美国优先"的旗号，四处争风。这使得人们不得不对全球经济发展的前景心生疑虑，特别是对中美贸易摩擦的影响忧心忡忡。由于中美两国经济高度互补，各自的经济还与全球其他国家和地区高度融合，又分别是第一、第二大经济体，两国的贸易关系既是双边的问题，又有高度的全球外部性。

随着美联储进入加息周期和美国单边主义政策的日益强化，美国对中国和其他贸易体打起贸易战。全球贸易活力降速，后果很难预测。出口大宗商品国家面临资金外流、就业不足的压力。欧洲国家的结构性改革不及预期，现在甚至有回返的趋势，这也增加了经济体系的脆弱性。

东亚发达经济体是中国整合产业链的重要推动力，贸易战对它们形成了拖累。在 2016 年 G20 财经渠道会议上，与会国家普遍认为全球经济进入了复苏的周期，达成了支持全球化、加强金融监管合作、加大结构性改革力度等方面的共识，以推动经济持续地复苏。中国提出的结构性改革量化标准和评估机制被各国接受，但这一进程被美国的单边主义政策打乱了。

在这样一种场景之下，贸易战和单边主义引发的全球经济下行压力，也会传回到中美两国。美国在全球化过程中保持竞争力第一是大概率事件，但"美国优先"是不可能持续的。一个日益封闭的美国如何保持竞争力优势？这也是存疑的。

当政府反全球化，随意设置关税壁垒，日益走向封闭，企业一定不会答应。从中国自身看，中国的经济目前正处于 L 形增长的底部，正在去杠杆降风险的过程中，加上贸易战的影响，经济增长难免受到制约，预期不确定性也在增加，特别是受此影响的主要是外资企业和民营企业，它们是贸易活动的主体，两者合计占全国贸易规模 80%以上。

习近平总书记在 2018 年专门主持召开民营企业家座谈会，强调"两个毫不动摇"，公平对待一切市场主体。会议对稳定预期发挥着重大作用。随着营商环境的大幅改善，中国经济的韧性将继续增强。中国在 2018 年上半年是全球第一大 FDI(外商直接投资，Foreign Direct Investment)的流入国，美国则从第一降到了第三。

我们看到经济结构加速演变，产业链向中高端迈进。服务业快速发展，一些竞争力不足的初级制造业遵循比较优势变化的规律，向东南亚和非洲转移。欧美和东亚发达经济体的企业看到中国 14 亿人口的大市场和完整的产业链优势，向中国投资的脚步并未停止。这也进一步印证了"一带一路"倡议的经济合理性。

总之，我认为美国的单边主义政策不过是拉长 L 形曲线的底部，中国经济增速可能还会维持在 6.5%，或者是 6%，但 6% 也算是高速发展。但是为了避免可能触发的危机，我们也不能坐看风云起，一方面对外部威胁要不低头，另一方面，要按照构建人类命运共同体的思路，继续高擎全球化、多边主义的大旗，整合多国诉求，通过共同合作，共同防范风险，更为重要的是要继续坚定信心、苦练内功，推行基础性改革，实现经济高质量发展。

改革开放初期，我们凭借着大胆闯、大胆试、摸着石头过河，冲破了计划经济的束缚。40 年后的今天，我们具备更多的有利条件，社会主义市场经济的目标早已明确，党的十八届三中全会也清晰地描绘了全面深化改革的蓝图。我们看到，经过努力，党的十八届三中全会规定的改革任务取得的成绩很多，但在打破劳动力和土地的城乡二元体制、建立事权和支出责任相适应的制度、建立高效并风险可控的金融体系、建设公平和可持续的社会保障体系等方面进展仍然缓慢。

面对这些基础性、制度性的深层次问题，我们无法也难以通过重启大规模基建的办法过关迈坎，必须从根上对症下药，用改革激发内生活力。

党的十九届三中全会通过了党和国家机构改革的方案,从机构设置的角度提出了落实党的十八届三中全会有关改革的措施。比如针对城乡医保分别管理、政策不一致导致的诸多问题,成立国家医疗保障局统一管理,这有利于推动破除城乡二元体制,促进劳动力自由流动;将养老保险等社保缴费改由税务机关统一征管,减少了地方自主管理的随意性,有利于提升实际缴费率,这也为进一步降低社保缴费的名义费率创造了条件。

下一步,要在落实好机构改革方案的同时,继续发扬解放思想、实事求是的思想方法和工作方法,坚决破除不适应社会主义市场经济要求的体制机制障碍,坚决打破局部利益和既得利益的束缚,推动供给侧结构性改革取得实效,努力夯实我们自身的基础。

最后我想强调的是,对于未来的前景我还是比较乐观的:从内在看,中国经济韧性决定了我们具有承受外部压力的强大能力。从外部看,中美双方的利益有结构性冲突,但由于都是全面融入全球经济的大国,分裂的后果更为严重。相信最终双方会负责任地解决问题,其中的关键是美国要放弃单边主义政策。

中国需要建设高标准市场经济

刘世锦

全国政协经济委员会副主任、国务院发展研究中心原副主任

　　中国经济目前面临着多年少有的复杂局面：国际上中美贸易摩擦仍在持续，全球经贸规则面临重大调整；国内民营经济预期不稳、信心不足，经济转型也面临诸多难题。面对这些挑战，有一个问题是不能回避的，即对市场经济的态度。中国在这条路上已经走了40多年，是停滞徘徊，还是继续向前走？停是停不住的，不进则退，而倒退是没有出路的。向前走，就需要提出一个新的目标，即建设高标准的市场经济。为此，需要说清楚几个问题。

　　第一，中国改革开放以来取得巨大成就靠的是什么？对此，国内外有不同看法和说法。近期中美贸易摩擦，也有人在这个问题上给中国泼脏水。那么，靠的是搞国家资本主义、国企行业垄断、计划经济色彩较重的发展规划和产业政策、政府补贴、不尊重知识产权甚至偷盗技术，还是建立和完善社会主义市场经济体制，使市场在资源配置中发挥决定性作用，坚持和扩大对外开放，积极发展多种所有制经济特

别是民营经济,保护产权特别是知识产权,在合法引进技术的同时加快推动创新?

应该说,答案是很清楚的,但也有一些似是而非的说法。比如,某种关于中国产业发展的规划,充其量是部分行业管理者和科研人员对未来发展前景的一种展望,能起的作用也只是提供一些信息、引导一下预期。如果以为中国未来的产业发展必须照此办理,那么中国原本就不需要搞市场经济,维持原来的计划经济就可以了。中国未来的产业发展要靠创新驱动,而创新的高度是不确定的,因而是不可规划的。5年前,人们很难想象互联网经济能发展成当今这个样子。面对大数据、人工智能、机器人等科技的快速发展,5年、10年后的中国制造业、中国服务业究竟是何种状态,同样难以想象,更难以规划。把那种计划经济色彩相当重的产业规划当成中国过去或未来成功的核心要素,实在是对中国发展的莫大曲解。

第二,中国是要建设低标准、不完善的市场经济,还是要建设高标准、高水平、高质量的市场经济?中国的市场化改革进行了40多年,取得了很大成就,但尚不完善。目前,商品市场大部分实现了市场化定价,可以说是"大半个市场",但要素市场化尚在途中,是"半个市场"。总体来说,我们目前的经济体制仍然是一个较低水平、不完善的市场经济体制。当前,我们对内要从高速增长转向高质量发展,对外则要实现高水平对外开放,低标准、不完善的市场经济体制显然无法适应。国际经贸谈判中有些人抓住中国市场经济体制不完善之处做文章,有些国家不承认中国的市场经济地位。在这种态势下,中国当然不能戴上这顶低标准、不完善的市场经济的"帽子",必须朝着完善市场经济、建设高标准市场经济的方向前行。

第三,在建设高标准的社会主义市场经济体制的过程中,面临着诸多焦点和难点问题，是别人要我们改，还是我们自己主动改？转向高标准市场经济，就是要以产权保护和要素市场化为核心，在重点领域和关键环节深化改革，其中涉及一些焦点、难点问题，包括打破行政性垄断、公平竞争、国资国企改革、产业政策转型、改革补贴制度、保护产权特别是知识产权、转变政府职能、维护劳动者权益、保护生态环境和绿色发展等。针对这些问题，中共十八届三中、四中、五中全会和十九大都指出了改革的方向、重点和方法，并不是别人逼着我们改，这是我们从长计议、战略谋划，从中国国情出发作出的主动选择。由于更了解情况，知道改什么、如何改，我们自身推动的改革，有可能改得更为彻底、更有成效。

第四，是通过把中国特色和市场经济相互融合，增强我国的竞争优势，还是把计划经济遗留下来的、具有过渡性的、应被改革掉的那些东西当成体制优势？每个国家和地区都有自己的历史文化传统，由此形成的市场经济必定各有特色，美国和日本的市场经济形态就不相同。中国有较强的政府能力、较大规模的国有资本、较高的社会共识、超大型经济体的市场规模等，如果我们能把这些要素和市场经济的规则有机融合，就会将其转化为重要的竞争优势。

当前，我国正处在增长阶段转换、发展方式转型、体制转轨的过程之中，有些东西是计划经济遗留下来的，有些东西是转型期具有过渡性的，有些东西则是符合市场经济规则且正在成长的，还有一些东西属于"新瓶装老酒"。我们必须把自己真正的特色优势与计划经济遗留下来的、过渡性的、要改的东西区分开来，不能把后者当成体制优势加以固守。

第五，在全球市场经济体系的竞争中，中国是当一个后来者，还是要走到前边当引领者？近现代市场经济在全世界的发展已有几百年的历史,加入者有先有后。历史已经证明,市场经济是人类经济繁荣、社会进步的共同选择,也是我们所倡导的人类命运共同体的经济基础,并非西方国家的专利。全球市场经济体系的发展与全球化进程密切相关,当全球化进程推进较快,全球市场经济体系也在相应发展、调整和变革。近期全球化进程遭遇逆流,美国总统特朗普的诸多做法实际上违背了市场经济的基本规则。

中国是市场经济和全球化的受益者,也是贡献者。我们加入市场经济体系较晚,但蓬勃发展的中国经济,已经给全球市场经济体系的发展创造了很多新的、有价值的元素。全球经济体之间的竞争,说到底是各自市场经济体系之间的竞争。下一步,中国应该也完全可以对全球市场经济体系的发展作出更大贡献,完全有理由把发展高标准市场经济、高水平对外开放的旗帜举得比西方国家更高,走到全球市场经济体系竞争和发展的前列。这方面,一定要汲取以往的一些教训,不能把体现人类经济社会发展共同规律的好东西让到别人手里,而使自己处在被动地位。

把这几个问题说清楚了,合乎逻辑的结论是中国应该确立"双高"目标,即建设高标准的市场经济、实行高水平的对外开放。确立了这样的"双高"目标,不论是应对中美贸易摩擦和国际经贸规则变局,还是在国内稳预期、提信心,都可使局面豁然开朗,赢得主动。

从国际上看,中美贸易摩擦仍具有不确定性,世界贸易组织改革势在必行,国际经贸、投资、金融规则可能出现深度调整,主要经济体之间有可能走向自贸区零关税。面对这种局面,如果我们确定了高标准市场经济、高水平对外开放的目标,就能够在新一轮国际经济治理结构博弈中占据制高点,不仅不会像有些人所说的那样成为"出局者",而是会成为引领全球市场经济发展方向的"领局者"。

在国内，稳定预期、理顺关系，当务之急是落实好中共十八届三中、四中、五中全会和十九大关于改革开放的要求，切实加快推动国资国企、土地、金融、财税、社保、政府管理、对外开放等重点领域的改革进程。把这些要求真正落实到位了，就能够在建设高标准市场经济方面迈出很大的实质性步伐，在一个更高平台上争取到新的有利的国际国内发展环境，赢得新的发展机遇。

第二部分

中国经济关节

养老保险全国统筹的实现路径与配套改革

董登新 武汉科技大学金融证券研究所所长

党的十九大报告第一次明确作出"尽快实现养老保险全国统筹"的决策,"尽快"二字表达的是时代紧迫感、历史使命感,不能拖延。实现养老保险全国统筹,应该成为 2020 年全面建成小康社会的内在要求,也是人民获得感、安全感、幸福感的重要组成部分。

2018 年 6 月 13 日,国务院发布《关于建立企业职工基本养老保险基金中央调剂制度的通知》(以下简称《通知》),这标志着我国职工基本养老保险全国统筹的实现路径、时间节点、步骤进程及最终方案已经水落石出,接下来就是具体实施、付诸行动,这是一件令人振奋的重大民生举措。

从《通知》条款及人社部答记者问的相关内容,我们可以梳理出尽快实现养老保险全国统筹的清晰思路及实施步骤:第一步,从 2018 年 7 月 1 日开始正式实施中央调剂制度;第二步,截至 2020 年年底,全面实现真正意义上的省级统筹,也就是实现企业职工基本养老保险省级统收统支,结束地级市或县(市)统收统支的历史;第三步,从 2021

年开始，正式实现职工基本养老保险全国统筹（全国统收统支），这是最后的"临门一脚"。

养老保险全国统筹最核心的理念，就是在公平与效率兼顾的前提下，实行职工基本养老保险全国统收统支的制度。它既体现了制度公平，消除了地区之间的制度差异，也体现了制度效率，有利于充分发挥职工养老保险基金的规模效应及在全国范围内互助共济的功能作用，同时维持保险精算平衡下的制度高效与可持续。

实现职工基本养老保险全国统筹，是一个系统工程，它不单单是全国统收统支的问题，还必须多措并举、配套改革、同步推进。养老保险全国统筹，既是我国缴费型社会保障制度领域的一次重大改革，更是我国养老保障体系"三支柱"整合的一次重大机遇。因此，我们必须从战略高度进行顶层制度再设计，把握历史时机，大胆推进改革。

养老保险全国统筹与社保降费必须同步推进

众所周知，基本养老保险的缴费率与替代率是相互匹配、密不可分的。一般地，高替代率必须要有高缴费率来支撑，而较低的缴费率则只能支持较低的替代率。根据国际惯例，作为第一支柱的基本养老保险（公共养老金），其制度定位应该是为国民养老提供底线保障，并能防止老年贫困。这一"底线保障"的制度定位，表明基本养老保险的给付替代率不可能太高，进而与之相匹配的缴费率也不宜过高。

目前，我国职工基本养老保险总缴费率的最高水平仍为28%，其中，雇主缴费率为20%，雇员缴费率为8%。根据国际劳工组织对148个国家的统计，基本养老保险雇主缴费率超过20%的国家仅有20个，而雇员缴费率超过8%的国家也只有38个。相比之下，我国职工基本养老保险的总缴费率是严重偏高的,尤其是雇主缴费负担过重。目前我国企业职工基本养老保险替代率同样维持在66%的高水平,而欧美国家替代率则大多为40%左右,这给我国中央财政及全国统筹带来了较大的困难和压力。

我国职工基本养老保险一直采用高缴费率支撑高替代率,其主要原因有两个:一是转制成本与历史欠账无法在短期内划转弥补,我们只能选择高缴费率;二是私人养老金计划覆盖面窄,参与率低,一直无法普及推广,我们只能选择高替代率。这一切都使得基本养老保险成为国民养老保障的唯一来源,高替代率的风险只能由高缴费率来覆盖化解,导致职工基本养老保险统筹层次难以提高,即便实现省级统筹,也是困难重重。

然而,随着人口老龄化加剧,我国60岁以上的老年人口已超过2.4亿,国民养老已成为不可忽视的重大民生主题。然而,我国职工基本养老保险的高缴费率与高替代率,直接挤压了第二、三支柱私人养老金生存与发展的制度空间,因此,我们有必要通过降低缴费率和替代率,让第一支柱的基本养老保险回归制度本源,并给第二、三支柱腾出发展空间。与此同时,我国经历了40多年改革开放,经济转型、产业升级迫在眉睫,企业需要通过减税降费来增强创新动力,促进高质量经济发展。

为了促进经济转型升级、给企业降费减负,从2015年开始,国务院率先从失业保险、工伤保险、生育保险三个小险种启动社保降费改革,这是自20世纪90年代我国开始建立现代社会保险制度以来第一次尝试社保降费。经过2015年到2017年多轮社保降费,目前失业保险总费率已从3%降至1%,工伤保险平均费率已从1%降至0.75%,生育保险平均费率则从1%降至0.5%。很显然,这三个小险种的合计总费率已从 5％降至 3％以内，再无降费空间可言。

实际上，在社保五险中，职工基本养老保险与职工基本医疗保险是最重要的两个险种，二者缴费率最高、基金积累规模最大，但其收支平衡压力也是最大的。其中，职工基本医疗保险雇主缴费率为 6％、雇员缴费率为 2％，相比其他国家，其总费率水平应该是大体适度的，几乎没有降费的空间。因此，在 2015 年以来的多轮社保降费中，职工基本医疗保险是唯一未降费的社保项目。

在社保五险中，最值得我们关注的是职工基本养老保险，虽然其名义总费率高达 28％（雇主缴费率 20％，雇员缴费率 8％），并成为全球最高的缴费率之一，但在多轮社保降费中，雇主缴费率仅下调了 1 个百分点，而雇员缴费率不变。

很显然，在我国"三支柱"养老保障体系尚未建成的情况下，第二、三支柱的私人养老金储备仍无法分担第一支柱的养老负担，如果贸然大幅降低职工基本养老保险费率，则无法支撑高替代率的公共养老金支付。然而，过高的缴费率必然会影响企业参保及足额缴费的积极性，当然也会阻碍统筹层次的提高，即便硬性实现全国统筹，畸高的缴费率和替代率也会让中央财政不堪重负，最终可能危及制度的有效性与可持续性。

因此，要想尽快实现职工基本养老保险全国统筹，一方面，必须大幅降低第一支柱公共养老金的缴费率及替代率，另一方面，必须全面普及第二支柱企业年金和职业年金，并大力发展第三支柱个人养老金储备。只有这样，才能实质性地扩大制度的覆盖面并提升参保率，将名义缴费率变成实际缴费率，从而为实现职工基本养老保险全国统筹奠定坚实的物质基础。

2018 年 9 月 6 日，国务院总理李克强主持召开国务院常务会议。

会议强调,在社保征收机构改革到位前,各地要一律保持现有征收政策不变,同时抓紧研究适当降低社保费率,确保不增加企业总体负担,以激发市场活力,引导社会预期向好。

这里所讲的"抓紧研究适当降低社保费率",目标所指已经十分明确,三个小险种及医保已无降费空间,接下来社保进一步降费的目标,就只剩下雇主缴费率畸高的职工基本养老保险,而且其降费总幅度可能具有较大的想象空间。

整合"三金"制度,为养老保险全国统筹分流减压

事实上,社保降费与企业减负是两个性质不同的概念。社保是民生,是企业社会责任的底线,因此,社保降费应该做加减法、做制度整合,而不是单纯地为企业减负,更不是让企业推脱社会责任。

目前我国"三支柱"养老保障体系的基本特征是:第一支柱独大,第二支柱弱小,第三支柱空白。我们将第一支柱养老金称为"公共养老金",而将第二、三支柱养老金称为"私人养老金"。在第一支柱职工基本养老保险大幅下调缴费率及替代率的同时,第二支柱企业年金和职业年金必须补位扶正,以弥补第一支柱替代率下降后养老保障的不足。

众所周知,美国政府是世界上赤字与外债最庞大的政府,美国人基本上不怎么存款,也不囤房,但他们一人数卡在手,刷遍全球无忧愁。然而,3亿多美国人拥有28万亿美元的私人养老金总储备,占全美家庭金融资产的比重高达35%,这才是美国人及美国家庭最大的财富和底气。

相比之下,我国14亿人口的私人养老金总储备仅为1.3万亿元,

国民养老只靠单一支柱职工基本养老保险,作为第二、三支柱的私人养老金几乎接近空白,这是一个"未富先老"的人口老龄化大国无法承受的现实。

作为第二支柱的企业年金规模小,发展严重滞后,主要原因有两个:其一,作为第一支柱的职工基本养老保险有过高的名义缴费率与替代率,直接挤压了企业年金生存与发展的制度空间;其二,企业年金、职业年金与住房公积金并存,既存在制度重复,也存在制度不统一,这直接造成制度高成本、低效率及不公平的现实。

职工基本养老保险总费率高达28%,住房公积金总费率最高可达24%,按照制度规定,这两项是企业必缴的费用,这就意味着企业在勉强缴纳了最高可达52%的费率后,基本上没有能力再继续支付最高可达12%的企业年金,因此,在职工基本养老保险与住房公积金优先缴费的硬性规定下,企业年金形同虚设,基本上没有发展空间。

实现职工基本养老保险全国统筹,既要将公共养老金的缴费率及替代率降下来,又要将私人养老金补上去。从顶层设计角度讲,"三支柱"养老保障体系是一个有机整体,必须进行制度整合与精算平衡。

事实上,住房公积金、企业年金与职业年金"三金"并存,这既是制度的重复建设,也体现了多轨制的不公平。企业年金与职业年金同为补充养老,一个自愿参加,另一个却强制参加;一个设实账,另一个却含有虚账。而住房公积金则同时具有住房保障与补充养老双重功能。因此,借鉴美国401(k)①经验,完全可以将住房公积金与企业年金、职业年金"三金合一",打造全员覆盖的第二支柱养老金计划,这就是中国版401(k)。

---

① 美国由雇员、雇主共同缴费建立起来的养老保险制度。——编注

为此,我建议将第一支柱职工基本养老保险的雇主缴费率最终降至12%,累计降低8个百分点,也就是将雇主、雇员总缴费率从28%降至20%。其理由有四:第一,与灵活就业人员基本养老保险的总缴费率20%相统一,体现制度公平,这也是国际惯例做法;第二,2009年12月国务院发布《城镇企业职工基本养老保险关系转移接续暂行办法》,规定参保人员跨省就业,除转移个人账户储存额外,还转移12%的单位缴费;第三,全国总费率最低的浙江与广东,两省职工基本养老保险雇主费率仅为14%,可再给它们留下两个百分点的降幅,以示"普降"同样惠泽两省;第四,职工基本养老保险雇主费率8个百分点的降幅,正好与企业年金雇主费率8%一致,我们可将职工基本养老保险雇主降费的8个百分点强制平移至"三金合一"的中国版401(k)账户,作为雇主缴费,与此同时,雇员匹配缴费可设定为4%,这样,就可以将"三金合一"之后的中国版401(k)做成普惠型、全覆盖的第二支柱养老金计划。在此特别说明,美国401(k)含有"房贷"及困难时提取的制度功能。

从表面上看,第一、二支柱养老金制度整合降费,似乎只是做了加减法,但其性质与意义已决然不同。这样做,不仅能大幅降低企业社保缴费总负担,而且可以重建"准强制性"的第二支柱养老金储备,并为职工基本养老保险全国统筹奠定坚实的制度基础。

由税务机构统一征缴社保费,适时改征社保税

2018年7月,中共中央办公厅、国务院办公厅印发《国税地税征管体制改革方案》,明确从2019年1月1日起,各项社保费将交由税务部门统一征收,从而结束了社保经办机构与税务部门"双主体"征缴

社保费的局面。

据人社部统计，目前 31 个省(自治区、直辖市)和新疆生产建设兵团中，有 13 个地区各项社会保险费全部由社保经办机构征收，仅有河南 1 个省各项社会保险费全部由税务部门征收，其余 18 个地区按险种或行政区域划分的不同，社保经办机构征收和税务征收同时并存。由此可见，目前我国社保费征缴方式五花八门，既存在地区之间政策标准的不统一，也存在征收部门之间信息分割不能共享，这使得社保缴费存在制度不公平与制度缺陷，征缴效率低、管理成本高，这给一些不良企业漏缴、少缴或不缴社保费提供了可乘之机。

由机构改革后的税务部门统一征缴社保费，将更具权威性、强制性、统一性、公平性及透明度。机构改革后的税务部门可以摆脱地方保护主义及地方本位的干扰，税费征缴工作将更独立高效。而且，庞大的税务稽查网点及专业人员掌握着所有企业及个人的基本档案和应税所得信息，在全民参保及足额缴费上，税务机关通过统一征缴社保费可以发挥"稳、准、狠"的监督作用，进而产生威慑效应，这将大大减少不诚信、不守法企业漏缴、少缴、不缴社保费的违法违规现象，有利于提高社保制度的有效性和公平性，做实全民参保与社保缴费，维护劳工的社保权益。

实现职工基本养老保险全国统筹，必须确保全国统收统支的权威性与强制性。由机构改革后的税务部门统一征缴社保费，这固然对实现职工基本养老保险全国统筹大有帮助，但若能适时将社保费改征社保税，则可以事半功倍。更何况，社保费改征社保税也是国际惯例。费改税后，意味着凡是有应税所得者，都必须自动缴纳社保税，这既有利于全民参保计划的快速推行，又有利于提高并巩固职工基本养老保险制度的覆盖率与参保率，还能提高税费征缴效率、降低行政管理成本。

加大力度划转部分国有资产充实社保基金

为了抵补社保转制成本及历史欠账,我们进行过三轮划转国有资产充实社保基金的制度安排:第一轮始于 2001 年,减持国有股筹集社会保障基金;第二轮始于 2009 年,境内证券市场转持部分国有股充实全国社会保障基金;2017 年 11 月 18 日,国务院发布了《划转部分国有资本充实社保基金实施方案》,这是第三轮国有资产划转工作安排,这次主要划转对象是中央和地方企业集团的股权,划转比例确定为企业国有股权的 10%。

第三次划转工作安排分为试点与分批划转两个阶段。第一阶段,2017 年选择部分中央企业和部分省份开展试点。中央企业包括国务院国资委监管的中央管理企业 3 至 5 家、中央金融机构 2 家。试点省份的划转工作由有关省(区、市)人民政府具体组织实施。第二阶段,在总结试点经验的基础上,2018 年及以后,分批划转、尽快完成划转工作。但截至 2018 年 10 月 15 日,仅有 3 户试点企业划转 200 多亿元国有资本到社保基金,产权变更登记虽已完成,但需在修改公司章程、办理工商变更登记后,200 亿才能真正到达全国社会保障基金账户。

然而,职工基本养老保险全国统筹,必须要有足够的基金储备及支付能力,在多省职工基本养老保险已出现当年收支缺口(甚至有个别省份基金"穿底")的情况下,加大力度划转国有资产充实社保基金,为职工基本养老保险全国统筹铺路搭桥、储备足够"粮草",是十分必要而紧迫的,这正是所谓的"兵马未动,粮草先行"。

延长并统一男女法定退休年龄是世界大趋势

延长并统一男女法定退休年龄，是大势所趋，是国际惯例。目前发达国家男女退休年龄大多延长至 65 岁之上，而发展中国家男女退休年龄则大多已向 60 岁靠拢。美国已确定将男女退休年龄在 2027 年从现行的 66 岁延长至 67 岁，而且规定雇主不得强制要求雇员退休；日本则正在考虑将男女退休年龄从现行的 65 岁延长至 70 岁，日本甚至想打造"永不退休社会"；俄罗斯计划从 2019 年起，逐步将男性退休年龄由60 岁提高至 65 岁，将女性退休年龄由 55 岁提高至 63 岁。

目前，我国男女法定退休年龄不仅小而且不统一，其中，男性退休年龄为 60 岁，女干部为 55 岁，女工人为 50 岁，女特种工为 45 岁。作为"半边天"的妇女，多数退休年龄仅为 50 岁，这是劳动力资源的巨大浪费，也在无形中增大了后代的社保缴费负担。

随着人口老龄化加剧，我国 2.4 亿老年人对养老服务的需求巨大，然而，城乡社区服务及养老服务平台却十分空虚，缺乏大量专业化、职业化、社会化的社区服务工作者，包括社工、义工及家庭工人。如果将男女退休年龄统一至 60 岁，那么，至少可以新增 5000 万左右的大龄女劳工，她们可以直接进入社区，提升社区服务，并为社区养老及家庭养老提供专业化、职业化、社会化的服务。这是一举多得、利国利民的大好事，也有利于职工基本养老保险轻装上阵地实现全国统筹。

综上所述，职工基本养老保险全国统筹是一个庞大的系统工程，它需要顶层设计，不能单兵突进。应该说，社保降费与全国统筹既是机遇，也是挑战，更是社保制度的一次重大变革。这是社保制度改革难得的历史机遇，我们必须科学筹划，果断行动。

中国能源结构变革

李俊峰

国家应对气候变化战略研究和国际合作中心首任主任、学术委员会主任

赵昌文　国务院发展研究中心产业经济部部长

范必　中国国际经济交流中心特邀研究员

杨筱萍　BP中国总裁

郑刚　北汽新能源总经理

中国能源消费应由保供进入调结构阶段

从党的十八届三中全会提出"能源革命",到党的十九大提出"清洁低碳、安全高效"战略方针,再到2018年4月21日中央财经委员会第一次会议上提出"调整能源结构,减少煤炭消费,增加清洁能源使用",以及习近平总书记主持召开民营企业家座谈会并在会上强调"减少煤炭,增加清洁能源使用",这些都为中国能源调结构定了基调,就是要解决好能源短版问题——清洁能源供应不足,仍以高污染煤炭消

费为主。

2018 年 11 月 12 日至 14 日，京津冀地区经历了当年秋冬季以来最严重的一次大气重污染。空气污染问题使得优化能源结构成为必然。《中共中央国务院关于全面加强生态环境保护　坚决打好污染防治攻坚战的意见》要求，到 2035 年生态环境质量实现根本好转，"美丽中国"目标基本实现。

要在 2035 年初步实现"美丽中国"，至少需要考虑 PM2.5 达标标准和二氧化碳达峰时间。发展中国家 PM2.5 达标标准是 35PPM，美国是 10PPM，欧盟是 20PPM，我们到时候要达到什么水平？这两个指标都要求能源结构必须有很大优化，不要把应对气候变化作为道德高地来看。能否推动能源转型，关键在于我们怎么做，我们有没有决心、信心和恒心。

广东省是中国能源利用效率最高的省份，我们以广东省和德国做比较。德国是工业化国家，面积、人口与广东省差不多，但用电量却只有广东省的 70％。广东省最大用电负荷为 1.2 亿千瓦，德国最高是 8000 万千瓦，德国人均用电量为 5500 度并且计划到 2050 年减少 30％，而目前广东省人均用电 7500 度，但人均 GDP 只有德国的三分之一，所以中国提高能源效率尚有很大空间。

中国能源革命就是要"革煤炭的命"，但不是要一步到位。2013—2017 年中国平均每年煤炭消费降低两个百分点，2018 年开始略有反弹，之前大家谈到 2020 年煤炭消费占比降到 62％，但现在看来达到 58％甚至 57％都有可能。我们需要坚持每年减一到两个百分点，直到达到世界先进水平。

李俊峰

能源转型的根本动力是技术进步

能源转型是中长期的目标和任务,讨论中国和全球的能源转型,要放在一定的时间和框架下谈。能源转型的根本动力是技术进步,无论是在能源领域,还是其他领域,技术进步看起来好像是瞬间发生的事情,其实是个中长期的过程。

强调技术的同时,还应该重视制度和政策的作用。在同样的技术背景下,一个国家采用什么样的制度和政策,往往会决定这个国家能源转型的速度。

一个国家的能源结构是内生于经济结构的。换言之,不同国家的能源结构,虽然有一些共同规律,但不能用一个标准来要求所有国家的能源结构,这是不合理且不可能的。

所谓能源结构内生于经济结构,主要包括三个方面:工业化、城市化及大规模基础设施建设的水平。这三个主要因素决定了一个国家的经济结构,并由此决定了一个国家的能源结构。所以在讨论中国能源转型时,不能脱离工业化和城市化,也不能脱离大规模基础设施建设的总体水平。

中国的工业化现在进入到中后期阶段,城市化还有一定的发展空间,大规模基础设施也还有投资空间。综合考虑这些因素,能源转型对中国来说,未来20年到30年,是非常重大而艰巨的任务。因为中国要推进工业化和城市化,大规模搞基础设施建设,同时又要应对气候变化、兑现国际承诺、满足国内老百姓对美好生活的需要等,这些目标与能源转型有些是一致的,有些是矛盾的。

人均收入超过15000美元时,人均能耗水平总体是下降的;人均收入在 5000 到 15000 美元之间时，人均能源消耗水平是上升的；人均收入在 5000 美元以下时，人均能源消耗量很低。这与能源结构内生于经济结构有关，因为人均 GDP 某种程度上反映了这个国家的发展阶段和发展水平。

但这一理论不能一概而论，否则就会陷入经验主义的误区。比如在人均国民收入大体一致时，各个国家之间存在差异。比如美国、加拿大、日本、德国人均国民收入均已超 15000 美元，工业化早已完成，但日本、德国的人均能源消费只有美国和加拿大的一半，所以不能简单认为，人均国民收入水平决定了人均能源消费水平，这取决于一个国家以什么样的态度对待能源转型和气候变化的问题。

电气化是能源转型不可或缺的重点，但有个很重要的问题是电力来源。新能源汽车是中国能源转型过程中非常重要的需求侧影响因素，但是，如果电力的清洁来源问题解决不了，靠发展电动汽车也不能解决这个问题。

对于能源转型的未来，中国和世界上很多国家一样，在清洁能源、新能源领域，虽然还有很多需要进一步攻克的技术难关，但是总体而言，这些年技术进步带来的成本下降，足以给出乐观的启示。未来 30 年左右，中国能源领域的转型速度可能比预期要快。

赵昌文

能源供给侧改革的关键是解放"看不见的手"

近年来，世界能源供求格局发生巨大变化，油气、煤炭等一次能源供大于求、多点供应，价格持续走低。但无论国际上一次能源价格如何变化，中国企业和居民的能源消费价格一直变化不大，没有分享到一次能源价格下跌带来的红利。

能源供给不能满足消费需求的变化,出现了供给约束。造成能源供给约束主要有三方面原因:

一是直接计划。能源是传统计划经济时期计划管理最严格的领域。延续至今,计划管理仍然较多。比如对各行政区域下达能源消费总量、能耗强度、煤炭消费总量等控制指标,对发电企业下达发电量计划,电力上网电价、销售电价、汽柴油零售价、天然气门站价和零售价等仍由价格部门制定。

二是产业集中度过高。电主要由两家电网公司输送,油气主要由三家大公司提供,且都是上下游一体化经营。这些企业提供什么,消费者就只能用什么,没有什么选择权。过多的计划管理和过高的产业集中度抑制了竞争,使价格难以发挥调节供求关系的作用。

三是监管不足。能源是网络型垄断行业较多的领域,包括电网、油气管网、城市气网。这些网络经营者既是能源的购买者,也是销售者,处于自然垄断地位。中央的改革方向是明确的,即"网运分开、放开竞争性业务",然而对能源网络型垄断行业的经营成本、合理利润、市场准入,能源主管部门还缺少有效的监管。

只有解放"看不见的手",才能打破能源供给约束。全面推进能源市场化改革,思路可以概括为"一条主线、两个链条、三个维度",即能源体制改革以坚持市场化改革方向为主线,重点解决煤电和油气两个产业链条上的矛盾,从企业、市场、政府三个维度出发,进行全方位的改革。

这个能源体制改革框架,超出了行业管理的局限。这是因为国家对能源的管理基本是按品种设置管理机构,分别对煤炭、电力、油气、可再生能源等制定不同的政策。而既往的能源体制改革,实际上大都是行业政策调整,在市场化的制度安排上不易有大的突破。需要有包含资源产权制度、产业集中度、所有制结构、流通体制、财税体制、监管体制等广泛领域的改革框架。

范　必

能源转型没有一劳永逸的解决方案

目前全球的能源需求中,约有 1/4 用于发电,1/4 用于化工生产,1/4 用于家庭供热,其余是交通,比如汽车和航空用油。如果全部用电,发电的清洁性怎么保证? 而目前太阳能、风能等可再生能源发电还依赖政府补贴,技术尚未完善。

未来碳排放会随着 GDP 和全球人口总数的增长而增加,随之而来的挑战也更大。对于能源转型这样复杂的综合性问题,OGCI(油气行业气候倡议组织)的参与企业已经共同出资超过 10 亿美元,投资低排放等相关领域的技术。同时,BP(英国石油公司)也提出了企业自身的目标:2025 年全线业务以可持续方式减少温室气体排放 350 万吨二氧化碳当量。

为了实现该目标,BP 正在朝着 5 个方向努力,即高级移动出行、生物质能、碳排放与碳定价、数字化、能源效率,如在油气开发领域应用了大数据和人工智能技术,同时投资覆盖了新能源汽车、移动充电等领域。

新能源汽车是一个实现能源转型的可行方案,BP 已经在新能源汽车领域有所布局,比如 BP 已经投资了移动式快速充电系统生产商 FreeWire、快速充电电池公司 StoreDot。

生物发电方面,BP 的业务包括在美国的风能业务、巴西的生物燃料业务，以及欧洲的太阳能业务。在碳排放方面，BP 也在推动碳价政策的实施。最后是数字技术和能源效率问题，BP 通过大数据和 AI 技术，已经在美国开采页岩气的过程中减少了 7％ 的碳排放。另外，BP 在英国收购了 Lightsource 以提高太阳能的发电效率和清洁性。

杨筱萍

新能源汽车双积分政策应保护先行者

随着国内新能源汽车补贴政策退坡，双积分政策成为代替补贴的激励措施。该政策原本计划在 2018 年并行管理考核，后经调整，新能源积分推迟至 2019 年开始考核。

双积分政策的设计初衷是正确的，已不需要更多的新政策来刺激未来的新能源汽车市场。虽然双积分政策鼓励车企增加新能源汽车的投资和研发成本，但北汽新能源是一家独立运营的新能源车企，缺乏传统燃油车业务作支撑，我们作为"先行者"感到了巨大的压力。

压力来源于积分交易价格过低，车企实际上参与转型的动力逊于补贴时代。2018 年积分市场供大于求现象严重，北汽是中国碳积分最多的企业之一，但到目前为止，我们一分也没卖出去。

双积分政策需要设计两种不同的详细规则来分别支持新入局者和先行者，让积分政策真正发挥替代财政补贴的作用。

中国新能源汽车产业在能源结构转型中扮演重要角色。中国是全球最大的石油进口国，我认为其主要原因是中国汽车产销量全球最大。与此同时，国内新能源汽车的销量增速在 2018 年 1 月至 10 月达到 98％，而国内整体汽车市场在 2018 年 1 月至 10 月累计下滑 0.06％。新能源汽车的快速增长将为中国能源结构转型提供契机。

　　但产能过剩将成为市场发展的一大制约因素。目前新能源汽车销售主要集中于几大限牌城市。目前限购城市的市场容量仅为170万辆,远远小于全国的新能源汽车总产能。但由于技术进步和成本降低,电动汽车在智能化和网联化上具备竞争优势。我预计,新能源汽车未来在不限牌城市的市场将进一步扩大。

　　新能源汽车的一大出路在出行服务领域。这并非单纯是去产能行为。大多数出行公司目前还不挣钱,但当全行业挣钱的时候,新进入的玩家就失去了机会。

郑　　刚

土地制度改革下一程

刘守英　中国人民大学教授

经过 40 多年的改革开放,中国的经济增长与结构转变已迈进一个历史新阶段。中国经济正在发生且已经发生一些重要的趋势性变化,这些变化将决定中国经济下一程的走势,也势必带来土地与国民经济关系的重大转变,我们必须在此基础上对土地的功能进行重新定位,精心谋划中国下一程的土地制度改革。

下一程经济的趋势性特征与土地功能变化

(一)经济发展阶段转换使对土地的依赖降低

无论是从国际经验还是从经济发展阶段看,中国经济增速由下降转向中高速增长都是必然趋势。经济结构也将发生深刻变化,服务业超过第二产业,内需发挥更大作用,增长更多依靠生产力提升和创新驱动。随着经济发展阶段的转换，土地发动机不仅不再一开就灵，而且负面效应，尤其是由此带来的扭曲会加剧；以土地宽供应保增长不仅没有必要，而且会造成稀缺资源的浪费，以提高土地配置效率来提高经济增长质量的意义远远大于以增加土地供应数量来拉动经济增长的意义。

（二）产业转型升级，产业发展不再主要靠制度压低土地成本来支撑

中国依靠独特的土地制度带来的土地低成本使中国成为"世界制造工厂"。但是，随着其他要素相对价格的变化与制度成本的上升，中国不可能继续依靠制度扭曲带来的土地低成本保住"世界制造工厂"地位。从实地调研来看，中国已经有部分区域、城市、产业、企业在转型升级中脱颖而出。这些在竞争中胜出的制造业区域和微观主体不需要再依靠土地低成本和土地抵押解决资金需求，一些在竞争中失败的区域和微观主体如果继续靠土地低成本也难逃被淘汰的命运。因此，中国下一轮的制造业发展不再是如何保障供地的问题，而是如何在制造业竞争中盘活现有存量土地、优化土地利用。产业演变的另一个特征是制造业与服务业深度融合，服务业占比上升。服务业不像制造业需要那么多土地，这将使土地在未来产业发展中的作用变小。建设用地结构的优化、工业用地的再配置、园区的转型及供地方式与结构的变化，将是下一程要面对的重大土地政策问题。

（三）从单向城市化到城乡互动带来的土地配置方式变化

中国上半程的城乡关系基本上是人口、土地、资本从乡村到城市的单向配置。下半程的城乡关系正在转向城乡互动。一是人口在城乡的互动成为趋势。二是城乡形态巨变，村庄高度分化。大部分村庄的衰败与部分村庄的活化并存，一部分小镇成长为连接城市与乡村的驿站，一部分城市因要素集聚、知识扩散与创新活力而胜利。城市的生与死并存，有活力的城、镇、村之间的分工和连接性增强。三是由于乡村发展机会增加，资本在城市寻找投资机会的同时，也有一部分到农业和乡村寻找机会。四是消费观念、人流的变化使乡村发展机会增加，乡村发展的用地需求也在上升。城乡互动将取代单向城市化，人口在城乡之间对流，资本在城市寻求获利的同时加快下乡，土地在城乡之间的配置和资本化加快。

（四）农业革命与乡村转型需要重新审视乡村空间的价值

中国下一程的最大变化是乡村正在孕育一场革命。一是国民对粮食的需求从数量转向质量，农业的功能和形态将发生巨大变化，将转向高质量、安全、休闲、健康和特色农业，农业的获利机会将大大增加。我们需要重新定义农业，重新认识农业的作用。二是农民的分化与"农二代"带来的结构革命。农民高度分化，农民群体变化的另一个特征是代际差异。第一代农民工的基本轨迹是"离土－出村－回村"，第二代农民工基本是"离土－出村－不回村"，他们与土地的关系、对农业的观念和自己的行为特征等都已发生根本变化。三是乡村产业、业态的变化。城市需求变化，很多乡村产业复活和壮大；新技术革命和商业模式变革，扩大了许多乡村手工艺品、土特产的市场范围和非人际化交易。四是村庄的分化。随着人地关系改变、农业发展方式转型，以耕作半径划定的村庄聚落方式正在变化，并出现重大分化，一部分村庄开始复活，充满生机，承担起城乡之间纽带的新功能，而另一部分村庄正在破败和衰落。

下一程的土地制度改革

（一）改变土地作为增长发动机的功能，告别以地谋发展模式

中国经济转型最困难之处，一方面是如何从已经形成的以地谋发展模式转身，另一方面是如何提高生产率，建立由创新驱动的新增长模式。更难的是，这两者相互影响，如果前者运行顺畅，就不会转向后者，而新模式建不起来，就不得不依赖旧模式。这也是旧模式的弊端暴露无遗后没有改正甚至愈演愈烈的原因。要真正告别以地谋发展的模式，主要应做到以下几点：

一是从中央层面明确不再以土地保发展，利用经济下行期土地需求下降的机遇取消土地指标年度管制，转向建设用地总规模管制和严格规划管制。

二是改变将土地作为发动机的做法，避免以此人为拉升经济增长速度；阻止地方政府以土地低价招商引资，减少产能过剩和重复建设；

改变地方政府土地出让的制度安排和利益激励,控制城市边界无节制外扩和土地城市化。

三是改革地方政府垄断土地市场的格局,允许土地所有者在规划和用途管制下进入土地市场。

四是改革地方政府以地融资机制,严查以地融资行为,取消没有任何现金流的土地融资,切断地方政府以地融资的机制。

五是对已经形成的土地债务进行彻底清理、一次性处理。

六是组建国有土地经营公司,保证政府通过经营获得一定量的政府收入。

七是对不同功能的土地、不同面积和套数的住房征收差别性不动产税。

(二)以用地结构优化促进结构改革

在土地发动机功能改变后,接下来可以着手的是优化用地结构,以此推动国民经济结构改革。

一是减少基础设施和公共用地供地,缓冲依赖投资拉增长的惯性。中国的基础设施投资高峰已过,不适宜为了保投资和保增长,继续加大基础设施投资,由此会加剧结构扭曲。大规模基础设施投资的占地以征地取得,不仅会加大政府财政支出,也会加剧政府与被征地农民之间的冲突。另外,城市公共用地占比过高,尤其是这些用地被用于建大马路、大广场、大办公楼等形象工程,不仅占用大量资金、浪费土地,也导致城市宜居和发展用地被挤占。

二是继续降低工业用地比例,改变地方政府土地园区工业化招商引资的发展方式。与国际经验相比,在中国用地结构中,占比最高的是工业用地,尽管近几年占比有所下降,但还是过高。随着经济结构的优化,制造业的转型升级,工业用地供应量及占比还有很大下降空间,是下一程以工业用地配置促结构改革的主要方面。

三是改变以园区低价供地招商引资的方式,促进园区转型升级。中国的开发区和产业园为中国成为"世界制造工厂"做出了历史性贡献,但是园区工业化也导致工业用地价格扭曲,企业因土地成本低占地过多,甚至出现了园区土地投机等弊端,这种弊端近年来在中西部地区表现得尤为明显。必须改革目前地方政府以土地低价招商引资的方式,对靠土地抵押进行园区超前基础设施建设的投资与税收平衡情况进行评估,压缩和整合绩效不佳的园区。

四是增加房地产用地比例,改变住宅用地供地方式,抑制房地产市场泡沫。总体上要增加住宅用地供地总量,提高住宅用地在建设用地中的比重。对投资性住宅和居住性住宅采取不同的供地方式:前者继续采取招拍挂方式,土地价格和住宅价格完全由市场配置;居住性住宅由政府配给,无论是产权房还是租赁房只能用于居住,将居住功能用地与市场性住宅通道阻断。在城中村和城边村开放集体建设用地市场,允许农民集体利用集体建设用地盖租赁房,实现农民工和部分低收入者住有所居。

五是建立建设用地结构优化的利益分享机制。

(三)推进适应城乡互动的土地制度改革

城乡关系变成单向城市化,重要的支撑性制度是城乡土地转用制度,乡村土地变为城市建设用地只能以征收方式将集体所有土地转为国有,农民和乡村失去土地发展权。土地发展权的丧失导致乡村劳动力外流,土地向城市配置。要实现城乡中国阶段生产要素的城乡对流与互动,就必须改革城乡土地配置制度,允许农民集体土地在符合规划和用途管制下进入建设用地市场,实现两种所有制土地同地同权。这是决定中国从城乡中国阶段迈入城市中国阶段的最重要的改革,将对中国发展模式的可持续性和中国现代化的实现起决定性作用。

实质性的制度改革,一是改革征地制度,完善《土地管理法》修改中对公共利益征收目录的列举,改变仍然采取被征收土地原用途的原则,逐步实行土地市场价补偿,对城乡房屋在被征收时实行同价同权补偿,将留用地征收制度化、法律化。二是落实中共十八届三中全会精神,建立城乡统一的建设用地市场,在符合土地利用总体规划的前提下开放集体经营性建设用地入市,允许集体土地所有权人采取出让、租赁、作价出资或者入股等方式由单位或者个人使用,集体经营性建设用地的使用权可以转让、出租或者抵押。在此基础上,将集体经营性建设用地拓展到集体建设用地。

(四)推进以三权分置为核心的土地制度改革

明确集体所有权、承包权和经营权各自的权利界定与内涵及三者之间的关系,关乎转型期土地权利体系的重构及中国农业现代化的路径。

一是明确土地集体所有权是农民集体的所有权,坚持农民集体是土地集体所有权的权利主体,村集体经济组织或村民委员会、村民小组、乡(镇)农村集体经济组织只是代表集体行使土地所有权。

二是土地承包权是赋予集体成员的财产权,土地承包权人对承包土地依法享有占有、使用和收益的权利;通过转让、互换、出租(转包)、入股或其他方式流转承包地并获得收益；就承包土地经营权设定抵押；自愿有偿退出承包地。

三是土地经营权是各类农业经营主体享有的耕作权，在明确承包权和经营权关系的前提下，对经营权单独设权、赋权，并逐步增大和保障其权能。

（五）宅基地改革适应乡村转型

在整个农村土地制度改革里面，对农业影响最大的是土地经营制度改革，对整个村庄现代化影响最大的是宅基地制度。

一是明确宅基地用益物权，完善农村宅基地权利体系。赋予宅基地财产权，是宅基地制度改革的突破口，保障农民的宅基地用益物权，就必须使农民对宅基地有更充分的占有权、使用权、收益权、转让权和继承权，使宅基地真正成为农民的财产。明确宅基地集体所有权、农户宅基地使用权与农户房屋所有权的权利内容及三者之间的权利关系。

二是改革现行宅基地制度，实现宅基地的资本化。改革宅基地的成员分配制度和无偿取得制度，以一个时点为界，集体合法成员一次性获取均等的宅基地，新立户者以有偿方式取得宅基地。在此基础上，对不同区域宅基地的对外开放采取有差别的办法。

三是改革村庄规划和用途管制，完善宅基地管理制度。以规划管制明确村庄和政府宅基地管理责任。明确宅基地的供应主要源于村庄存量用地。将存量管理权下放到村一级，在此基础上，政府从严实施用途管制。

教育改革：如何以增量撬动存量

郝景芳　中国发展研究中心基金会研究一部副主任、童行学院创始人

储朝晖　中国教育科学研究院研究员

李一诺　盖茨基金会北京代表处首席代表

杜仁　英孚教育中国区首席执行官

教育改革从未停止，但为何始终备受诟病？

教育系统应有两种职能：培养和选拔。所谓"培养"，即把人打造成应有的模样，如能够为自己负责、有担当、有领导力、有实践能力，或者是有非常宽广的胸怀、广泛的兴趣爱好等。而"选拔"指通过清晰可见的量化标准，选拔出符合条件的人。

在某种程度上，这两种职能有一定冲突。如领导力、团队协作能力等很多培养指标，很难量化，导致学校系统只按照可以量化选拔的标准来设置培养方案。也许我们理想的有 10 个标准，但因为选拔，只能考察其中可量化的一个标准，教育系统的目标最后都朝这一个标准

发展。

在如此的选拔机制下，被选拔出的"资质拔尖"学生通常语言能力、逻辑能力、数学能力较强，剩下很多学生可能有其他方面的才能，但没办法得到选拔。这种选拔方式让创新教育很多时候难以落地，素质教育也难以真正得到推广。

什么是素质教育？我从三个层面分析：一是知识视野方面，学生能够有超越课本的丰厚的知识、文化积淀；二是思维能力方面，学生有超越试题的灵活的思考、实践能力；三是自我成长方面，学生有超越固化的个体人生。

事实上，当下各地正在推进的新高考改革，力求改变长期以来"一考定终身"的大学录取方式，建立"两依据一参考"模式，即不分文理科，依据高考成绩加高中学业水平考试成绩，参考学生综合素质评价，择优录取。有人担忧，这将令农村地区生源教育机会的不平等雪上加霜。

确实，多元素质教育并非人人可得，尤其对贫困家庭来说，有一定难度。即便未来考试制度改了，改成多样化的趋向，素质教育有出口了，但我们能不能提供这么多优质的素质教育服务？我们能让普通家庭的孩子都接受到素质教育吗？

我在调研中发现，不少热心公益的人士或公益机构给农村学校投资了大量艺术教室和相应的设备，但大都闲置了，这是因为基层缺乏相应的师资。这构成了农村素质教育的一大瓶颈。

教育的理想和现实该如何平衡？为做改变，我创办了童行学院，致力于给更多4至10岁的孩子更好的素质教育。童行学院采用线上和线下两种方式授课：对城市孩子平价、对农村孩子免费的线上课堂，通过音频课程让每个孩子得到知识视野上的拓展；而在线下，我们强调课堂不是老师画什么、孩子跟着模仿什么,而是给孩子一个命题,让他创造艺术作品,给他一个探索科学的课题,让他自己去探索,去搭建模型。

我们希望,哪怕一个孩子只在自己的村子里生活过,他也能听到全世界、看到全世界。希望素质教育能够深入每个普通家庭,哪怕一个孩子上不了国际学校,接受不了"高大上"的贵族教育,也能真正得到素质的提升。将来如果有更多元的高考选拔方式、更广阔的出路,起码能够让每个家庭的孩子从小得到与之匹配的教育。

郝景芳

行政权力尽可能减少对教育的干预

当下中国教育改革主要有两个问题:第一,管理体制过于集中,学校办学好坏,都与层级的单一主体有关;第二,评价权力过于集中,用同一个标准衡量所有人,最终还是不能培养出人才。这两个问题如果不解决,教育改革都是瞎折腾。

目前的整体教育管理体制,可以被称为"有层级的单一主体"。学校办得好不好,和它隶属的层级有关,主体都是政府。这是教育资源分配和教育发展不均衡、不充分的体制性原因。

想要解决这两个问题,也很简单。行政权力尽可能减少对教育的干预,以及过度集中管理。比如,现在中小学每年要接收行政文件1000～1700份,行政部门相当于一天要找中小学3～4次。2018年5月,某个大学的校长给我发了一个上级行政部门给的文件总目录,显示文件共173份。这个数量是很多的。

"教育行政化"是中国教育体制倍受诟病的长期问题。中国教育的管理者、办学者、评价者合而为一。政府既是运动员又是裁判员、管理员，既是所有者又是评价者。就此，教育部在《国家中长期教育改革和发展规划纲要（2010—2020 年）》中首次提出，促进教育"管办评分离"，为的就是简政放权。

要解决这个问题，一方面要划清政府和学校的边界。很多公立学校一旦出了问题，家长都先找学校。另一方面，依法治校，让学校跟政府之间的关系不再成为上下级的行政关系，让学校成为相对独立的法人。

要进行专业评价，不能有过度集中的单一的行政干预。教育改革的最终目标是，建立一个更适合人成长、发展的教育管理和评价体系。而这将通过保障受教育者的平等权利，解决受教育者的实际问题，例如就近入学，上到更好的学校，满足受教育者的成长、发展需要等措施来实现。

管办评分离中，"第三方"模式是教育评价的必然趋势，教育质量没有"第三方"评价就不可能得到改变。客观上来讲，"第三方"必须完全是政府之外的机构，但是政府之外的机构数量少，多处于起步阶段。我们推动第三方教育评价模式建立，为的是改善中国的教育生态。

储朝晖

中国应转向儿童友好型社会

教育的目的是什么？是为了成就每个人，还是为了选拔？中国古代那么多年的科举制度和如今的教育都是以选拔为导向的。

从某种程度上来看，选拔导向这条路已经难以为继。一方面，社会竞争日益激烈，特别是随着人工智能的发展，人的主体性越来越重要，但总体成才率并不高。随着中国的老龄化趋势日趋严峻，如果不重视儿童教育，不成就每个孩子，他们在以后的社会竞争中也难以胜出。

另一方面，改变导向根本在于拥有自由的创新空间。而创新是最典型的、不能自上而下被指挥的事情，它总是发生在边缘。我是学生物的，我知道，藻类永远是藻类，只有在大海边缘慢慢登上陆地才能变成植物。如果真的想创新，就不能用选拔的思路做教育。

应试教育选拔体制中，教育的评价体系仍是分数至上，如何选拔优质人才？当前的人才选拔机制并不理想。我听到过一个故事：一个当时正在中国最顶尖大学读书的衡水中学的毕业生，对任何课程都没有兴趣，在宿舍里抽烟，把宿舍点着了。这样选拔上来的所谓的"尖子生"，不少都有问题。

如何改变现状？我认为，整个社会应该向儿童友好型社会转变。但大量的数据显示，中国社会对儿童的友好程度堪忧。最大的问题在于，社会问题产生后果是具有延迟性的。

儿童没有声音，也无法选择。他们不像成人会示威、上网发表言论。如果儿童不喜欢这个选择，他没有放弃或者重新选的可能。等到成人之后，他才意识到这个选择不对，但那时产生的问题就很难解决了。

儿童友好型社会的转变困难重重。如果留守儿童的心理问题一直处于积累阶段，没有得到及时解决，等他们长大后，有些事情已经发生了，就只能用更强大的管控和维稳手段来解决，实际效果也不尽如人意。

在建设儿童友好型社会的过程中，我们缺乏顶层设计，结果大量的政策"头痛医头、脚痛医脚"，经常互相矛盾，造成巨大的成本浪费。

例如，"两会"期间有代表提议中国应该成立儿童发展署，让教育部、卫生部、妇联等十几个部门都参与儿童相关的事业。但缺乏总体的部委之间的协调设计，使学校收到大量的行政文件。

一种真正蹲下来、从儿童的视角出发、看儿童需要什么的教育，需要很多的智慧。只有出现顶层设计，真正回归到以儿童为核心，才有可能推动儿童友好型社会的发展。

李一诺

未来的学生要能够独立思考

我认为，人类正站在第四次工业革命的边缘，科技正深刻影响着人类的职业，人才的核心能力和培养方式也面临着新的要求。

人工智能现在已经被广泛应用于人们日常的生活和工作中，比如打电话、收发邮件、提供心理咨询、进军娱乐界……目前已经有 8% ～ 9% 的人类劳动力被人工智能所替代，到 2022 年，这一数字将上升到 42%。

对比 2007 年和 2018 年全球市值 10 亿美元以上的公司，我们发现，2007 年只有一家微软公司是科技公司，而 2018 年科技公司有 7 家，非科技公司仅有 3 家。中国的两家科技公司也跻身于这一榜单中。我认为，中国正在尝试从"中国制造"向"中国创造"转型。

这已经是一个技术的时代。科技对教育的未来将会产生什么影响？我们现在很难想象。10 年后我们的职业状况是怎样的？没有任何人清楚。

但有些改变已经显而易见了。未来人类的角色将更多是机器的合作者，对机器发出指令，从认知到社交技能对机器予以辅助。社会对人才能力的要求也在发生着变化。未来的人具备的素养,不仅是能够去写、去读,而是要有持续不断重新学习的能力。但学校并没有帮助我们为未来做好准备。

如何成为引领未来潮流的人,而不是陷入对变化的震惊中?我们要更勇敢地尝试,发挥好创造力,并保持强烈的好奇心。了解他人的视角和观点,不断重新思考,同时具备适应能力,增强自己的灵活性。

教育系统必须要为学生培养更为整体性的能力,包括沟通交流能力、语言学习能力。我尤其强调语言能力在拓展全球视野、了解其他文化中的重要性。此外,批判性思维能力和团队合作能力在未来都相当重要。

未来的学生,要能够自己独立思考,独立判断,发挥并拥抱创造力,具有全球性的思维,能够促进创新。

杜　仁

第三部分

寻找经济增量

全球竞合下的发展

陈春花　北京大学国家发展研究院 BiMBA 商学院院长

张春霖　世界银行东太区民营经济发展部首席专家

任洪斌　中国机械工业集团有限公司党委书记、董事长

潘石屹　SOHO 中国董事长、联合创始人

张轶鹏　内蒙古伊利实业集团股份有限公司副总裁

公平竞争的市场环境是创新的基础

全球竞合下的发展这一主题涉及三个方面：一是公平竞争；二是创新；三是国际化，比如如何抓住"一带一路"倡议和全球化的机遇。

这三方面主题是高度相关、联系在一起的。企业发展的要害、企业生命力的源泉是创新，进入国际市场，企业竞争力的源泉也是创新。但是在 21 世纪，在各种新兴的技术、产业不断兴起的情况之下，创新必须融入全球的创新网络之中，必须依赖全球的创新体系，闭门造车地谋求创新是不行的。所以我认为，创新和融入国际市场是相互依存

的关系。两者背后非常重要的基础是政府要给企业提供公平竞争的市场环境。没有这样的市场环境，创新经常会遇到很多困难。因为受到优惠的企业没有动力去创新，受到歧视的企业没有资源、没有能力，也没法创新。而且国际国内市场已经没有多少边界，国内的竞争环境如果不充分、不公平，企业进入国际市场的时候就会被连累。公平竞争的市场环境是创新的基础，也是中国进入国际市场的基本前提。

陈春花

用企业家精神去驱动创新

中国过去 40 多年的成功，在我看来很重要的原因是出现了一批人，我称之为"企业家"。正因为企业家群体的出现才让经济有了巨大的成长。回顾这 40 多年出现的企业家，最重要的是看他们做了什么。这需要我们回到原点去进行思考。

1979 年刚刚改革开放，中国最大的改革项目是宝钢的立项；1980年，民航领域出现了第一个中外合资企业——北京航空食品集团；1981 年，TCL 出现；1982 年，4 个兄弟花 1000 元创立新希望集团。从中，我们可以看到中国企业的改革之路。

从过去的 40 年来看，我们经历了几个大的阶段：1980 年，开始进行市场改革，出现真正意义上的中国企业；1999 年，正式告别供应短缺型经济，供应开始出现进步；2000 年前后，进入产业化时代；2004年，中国企业进入全球化；2012 年，互联网技术的发展，让中国企业和全世界的同行站在同一起跑线。

很多人都在谈创新，我一直认为真正能够帮助完成创新的是企业家，因为只有他们有足够的意愿和能力让创新变得可触摸、可实现。

我们看到了这些企业真正的进步对于中国市场的影响,以及他们所创造的持续发展的要素,他们能够引领行业,引领市场的进步。

当一个新时代到来的时候我们又该怎么来看?我们该怎么突破,怎么寻求新的路径?我常常用新时代的逻辑来下定义。

我认为大家需要关注四个方面:一是国家的蓝图规划,党的十九大之后中国的蓝图已经非常明确;二是工作重心的调整,已经调整到人们日益增长的美好生活需要和不平衡不充分的发展之间的矛盾;三是我们遇到的新挑战,是中国和世界格局之间的变化;四是这个时代最大的特点是变革,变革不以你的意志为转移,不管你是否准备好,世界肯定会变。

按照这样的逻辑来持续做研究,来探讨这些概念。中国企业今天的市场认知和以往已经不一样了。因为中国企业的品牌开始走出中国,走向世界。我不久前到美国发布新书,发现在洛杉矶的很多地方已经可以使用支付宝,原来我担心不可以用,结果发现实际情况不是那样。

中国企业在消费者和市场认知当中是有机会的。当有这个机会的时候,需要企业承担的更重要的一件事就是,可不可以用企业家精神更加持续地创造价值、持续地创新求变?

幸运的是,这是一个技术驱动的时代,中国诞生了一个个有影响力的,同时能够改变人们生活的公司。把创造变成组织的使命,让这个组织具有长期的力量,这是很重要的。

想要实现这个目标,我提供四点建议:一是要有组织地放弃我们自己认为很厉害的东西。比如你原有的核心竞争力、原有的商业模式、原有的增长方式,你把这些放掉,而且是有组织地放掉,主动去放掉,不要固守。二是关注时间轴的变短。今天的时间轴的确在变短,很多人问我为什么写书这么多、这么快。因为外面变化太快，我不得不快点写，我写得慢就回答不了今天的问题。三是不仅要解决问题，更重要的是要找到机会。如果都是问题，没有机会也是不行的。四是要让所有成员都具有企业家精神，而不仅仅是企业家自己具有企业家精神。

张春霖

中国企业要培养契约精神

就全球竞合下的发展，我分享几个观点。第一个观点是，国内外市场之大，容得下所有不同所有制企业的竞相发展。中国巨大的经济总量和无限的多样化市场需求为国有企业、民营企业提供了广阔的发展空间和合作领域。它们在其中扮演不同的角色，发挥不同的功能，彼此促进。而世界是个更庞大的市场，"走出去"战略暨"一带一路"倡议为中国企业提供了广阔的舞台，拓展了持续增长的空间，也容得下不同所有制企业成长发展，它们共同奏响波澜壮阔的时代和声。

一直以来都有"国进民退"或"国退民进"的论调，这些论调把国有企业和民营企业的发展理解成互相排斥、非此即彼的零和博弈。我国坚持公有制为主体，多种所有制共同发展的基本经济制度，而党的十九大更是把毫不动摇巩固和发展公有制经济，毫不动摇鼓励、支持、引导非公有制经济发展写入了新时代建设和发展中国特色社会主义的基本方略。两种所有制在基本经济制度的层面上是相辅相成、相得益彰的，而不是相互排斥、相互抵消的。实践也证明，在市场竞合中，国有企业和民营企业呈现出互利共赢的良好局面，应该说实现了"国民共进"。

　　我的第二个观点是合作共赢是国有企业和民营企业发展的必由之路。一方面,国有企业的发展壮大为民营企业提供了更多的机会。就我所在的中国机械工业集团来说,这些年来围绕着主业,我们积聚了一大批不同所有制的群体,形成了相互依存、共同发展的企业生态系统。比如我们的装备制造企业与4000多家民营企业形成了供应链体系,所属的中国一拖集团有限公司就带动了900多家不同所有制配套企业的发展。在生产、销售、维修服务、社区服务等方面促成近40万人的就业。中国机械工业集团旗下工贸公司以海外市场为平台,带动国内设备、产品、技术、劳务的出口,与民营企业联合抱团出海。我们的科研院所与民营企业组成科技生产联盟,仅2017年一年就与2300多家民营企业开展了4G技术开发、技术转让、技术服务、技术咨询等合作项目。

　　另一方面,民营企业具有灵活性强、激励机制优、创新热情高等优势,民营企业的发展壮大能为改革释放活力。把国有企业的实力和民营企业的活力结合起来,能为国有企业的改革导入活力因子。引入民营企业,不仅可以改善国有企业治理结构,使国有企业开拓更多业务领域,形成溢出效应,而且能使民营企业分享国有企业改革的成果,使发展迈向更高的水平。

　　中国电气科学研究院试行混改以后,三家民营企业作为战略投资者被引入,建立起在混合所有制基础上的法人治理结构,各类所有制股东按照股东权益平等地参与企业决策。不同所有制企业受到同等的约束、监督,混改的效果十分明显,企业发展持续向好。

　　第三个观点是要精心培育并大力弘扬中国企业的契约精神。契约精神的本质就是诚实守信,也就是承诺了就要做到。契约精神是商业秩序的压舱石,企业要长远发展必须要做到守信誉、重诚信。契约精神是企业信誉的保证，对契约精神的精心培育和大力弘扬必将促进我国经济转型升级。中国企业要强化国际经营的信用意识、规则意识和主体责任意识，不走所谓的捷径。

那么，政府应该如何营造公平竞争的市场环境？我认为可以做以下三点：第一，目前的投资、经营和政策经常发生变化，存在不公平或者特殊的待遇，在这个方面，国有企业与民营企业面临着一样的问题，因此，政府应该营造公平的竞争环境。第二，现在的投融资环境中，只有银行给企业评级，评价体系不够完善，也应该给地方政府和地方投资环境评级，评价地区的投资历史和信用程度，供企业投资时综合考虑。第三，应该成立投资保险公司，让第三方保险机构在投融资双方之间起到稳定器的作用，让企业和放贷银行双方有所保障，以协助、促进地方政府在投资环境中制定更加公平透明的投资政策。

任洪斌

自主创新无法实现真正的创新

政府如何为企业营造公平竞争的环境？我认为依法治国很重要。

我以自己经历的一件小事来表达依法治国的重要性。我曾经收到一纸通知，要求我在一周内拆除所谓的违法建筑物标识，否则会进入失信黑名单，无法乘坐飞机。当拆除了之后，却又收到通知表示此建筑物标识具有合法性。

尽管这是件小事情，但对所有企业而言，依法治国特别重要：你违法了，你得知道什么地方违法，为什么违法。

此外，我认为企业家需要具备全球化视野，不能只盯着自己的"一亩三分地"。当今时代，从普通人的吃穿住行到企业家创办企业，再到中国近 15 年经济财富迅猛增长,都与全球化息息相关。因此,企业家除了要有全球化的眼光外,还需要加强团结合作。

我以望京 SOHO 为例,其建设技术来自 20 个国家、200 多个供应商,弱电设备、电梯全是进口的。如果企业想从全球分离出去,恐怕会一事无成。

企业家创新需要注意两点:一是创新一定是开放式的、全球化的创新,自主创新是一种封闭式的方式,无法实现真正创新。二是创新要有一个方向,不能为了创新而创新。我认为,企业家创新的方向是要为市场创造出美的产品,而不是粗制滥造的东西,前者是创新的正确之路,后者则是创新的弯路。

潘石屹

全球化发展的一些经验

内蒙古伊利实业集团股份有限公司(以下简称伊利)于 1993 年实现改制,1996 年 A 股上市,作为目前中国营收规模最大的乳企,伊利的发展从某种程度上讲是中国乳业发展的缩影。伊利目前进行的一系列海外投资,主要目的依然是利用海外资源来服务中国消费者。

我用三个关键词来形容伊利的全球化发展:一是整合资源,二是文化包容,三是科技创新。

全球化首先意味着整合全球资源,互利共赢。在伊利看来,国际化不仅是业务的全球合作,更是产品、服务等多个生产要素的全球合作。目前,伊利在全球的供应商遍布 34 个国家和地区,与 700 多家企业达成合作,不仅在奶源方面合作,更涉及无菌包装、智能设备等多个领域。

其次，乳企不仅要"走出去"，还要真正"走进去"，即实现文化包容和产业协同。以伊利的新西兰项目举例，筹备初期，当地政府和毛利人的部落长老对项目的环保和可持续发展问题存在担忧。伊利邀请对方到中国考察、亲身了解伊利与上游产业的利益连接机制，最终使对方打消疑虑，项目顺利投产。

再次，乳企"走出去"的前提是科技创新。除了引进先进技术，伊利致力于进行技术输出，在乳糖消减技术、母乳数据库研究等方面取得了一定突破，通过建立联合实验室和研究机构，向海外输出伊利的管理方案和有关标准。

伊利目前的工作重点之一，是利用大数据去洞察消费者需求，通过对个体消费习惯的捕捉，描绘出乳制品未来的整体消费画像，伊利的王牌产品安慕希就是基于这种思路产生的。

对于政府要如何营造公平竞争的环境，我认为：伊利横跨一、二、三产业，产业链条复杂，政府需要给出规范的市场机制，让市场去自动调节；当出现涉及行业底线的问题时，再由政府出面协调。

张轶鹏

宏观微观看投资

徐忠　中央人民银行研究局局长

钟蓉萨　中国证券投资基金业协会副会长

短期需求管理与结构性改革不能混为一谈

2015 年以来,我们根据形势的变化,推进了供给侧结构性改革,作为中长期政策举措,"三去一降一补"工作取得了明显成效:过剩产能逐步化解,房地产库存有序下降,宏观杠杆率企稳,综合成本稳步降低,重要领域和关键环节补短板取得突破,重大风险点得到有效控制和化解。

近期,中国经济内外部压力有所增大。外部看,中美贸易摩擦的负面影响逐步显现,中美经济周期分化加剧了外部环境的不确定性;内部看,经济下行压力有所加大,一些风险点逐渐显现。若要稳定预期、稳定国内总需求、以国内确定性应对外部不确定性,需要抓住中国经济的主要矛盾,平衡好短期需求管理与结构性改革的关系。当前需要以改革的思路进行需求管理,有效的需求管理也是为深入推进供给侧结构性改革营造适宜的环境。

(一)三个问题

最近我看到一些关于中国经济的讨论,这些讨论存在一个明显的问题,就是把短期需求管理与结构性改革混为一谈。我想从一些基本概念出发,对当前中国宏观经济走势及下一步宏观经济政策取向进行分析。

第一个问题:什么是需求管理?

要回答这个问题,我们很有必要回到宏观经济学的基本框架,看看宏观经济学的鼻祖凯恩斯是怎么说的。

1933 年 12 月 31 日,凯恩斯在《纽约时报》上发表了一封《致罗斯福总统的公开信》。凯恩斯在文章中说,罗斯福总统"肩负着复苏与改革的双重使命——从经济衰退中复苏,以及完成那些本来早应完成的事项和社会改革"。但凯恩斯提出了一个非常重要的观点,复苏(recovery)和改革(reform)不能相互混淆:一方面,对复苏而言,速度和立竿见影的效果是必不可少的;另一方面,即使是明智和必要的改革,在某些方面也可能阻碍复苏及使复苏复杂化,因为改革可能会打乱商业世界的信心,并削弱其现有的行动动机。因此,凯恩斯认为,复苏和改革措施之间应该有一个先后次序,改革措施不能被混淆为复苏措施。当有效需求不足的时候,复苏措施应优先于改革措施。凯恩斯在文中明确提出,"应予以优先考虑的政策是进行大规模基于借贷的政府支出",他进一步提出,"我倾向于优先考虑那些可以大规模快速成熟运作的项目,例如修铁路。其目的就是要启动复苏"。

本轮国际金融危机之后，美国基本上秉承了凯恩斯的建议，通过"缓解（relief）、复苏、改革"三部曲走出危机，积极财政政策与宽松的货币政策"双管齐下"，强而有力的需求管理支撑了经济复苏，为之后的改革和再平衡创造了条件。

由此可见，需求管理旨在熨平短期经济波动。当经济周期下行时，复苏应当优先于改革。只有在经济正常运行之后，才能有效地推动改革，不能为改而改，操之过急。这就好比是一个需要手术的病人，应当首先保证病人身体情况好转，有足够的体力，才能进行手术。结构性改革就是针对经济的手术，而需求管理就是补充体力，这是做手术的前提。

第二个问题：为什么我们习惯于将需求管理与结构性改革混为一谈？

我认为，这主要是因为我国作为转轨国家，相关体制机制没有建立健全，宏观调控宽泛化，事实上同时承担了短期需求管理和结构性改革的任务，一些改革甚至以行政调控手段加以推进。短期需求管理与结构性改革的权衡，表现为宏观调控对短期与中长期目标的权衡。

宏观调控的宽泛化。党的十九大报告中关于宏观调控有明确的表述："创新和完善宏观调控，发挥国家发展规划的战略导向作用，健全财政、货币、产业、区域等经济政策协调机制。"从字面上看，规划引导下的四大宏观调控政策，指向非常清楚。但汉语的博大精深在这里体现出来了，因为里面有一个"等"字。于是，由各个部门牵头制定和实施的经济政策，或多或少、或明或暗地被纳入到这个"等"字中来。甚至一些本应保持稳定的法律、规章、制度也被作为宏观调控的手段。价格政策、土地政策、环保政策、监管政策，等等，都被赋予了宏观调控的职能。例如大家非常关注的房地产调控政策，借助于行政干预手段,限购、限贷、限价、限售、限商,市场上称之为"五限谱",其威力一点不弱于财政政策和货币政策。从这个意义上讲,宏观调控的外延被无限扩大了。

宏观调控承担结构性改革目标,必然要与短期需求管理目标进行权衡,关键在于对主要矛盾的准确把握。如果过度侧重短期目标,就会出现"大水漫灌"、过度刺激。比如曾经一段时间我国实施过于宽松的宏观政策,导致"三期叠加"。而如果过度侧重中长期改革目标,以行政性调控手段推进结构性改革,又会"一收就死、一放就乱",放大改革的短期阵痛,加剧经济下行压力,削弱市场信心,影响改革的进一步推进。要平衡好二者的关系,就必须在特定的经济发展阶段准确把握经济的主要矛盾,妥善施策。

第三个问题:我们当前面临的主要矛盾是什么?

2018年10月31日,中央政治局召开会议,提出了"当前经济运行稳中有变"这一重要判断,说明我国经济运行环境发生明显变化,经济下行压力明显加大,有效需求不足已成为当前的主要矛盾,而且这一趋势在2019年还将延续。

应当充分认识到,经济下行压力既有经济增长转型的客观因素,也有前期政策落实不到位的主观因素。从客观因素看,我国从高速增长阶段转向高质量发展阶段,一些支撑经济增长的因素和条件发生了变化。比如过去高增长的需求结构主要靠排浪式、低质、低价的消费去支撑,现在这种需求结构已经转变;又比如供给条件发生了转折性的变化,15～59岁劳动力人数开始下降,劳动力低成本的优势正在减弱。在此背景下,我国经济增速有所放缓具有合理性和必然性。然而,必须清醒认识到,当前经济下行压力,有相当部分是前期政策落实不到位的结果。前一阶段政策调控存在"一刀切"倾向,在整顿地方政府隐性债务的同时,未考虑补短板的基建资金缺口,基建投资迅速下跌;房地产市场在"去库存"压力下,通过限制政策打击投机需求,但也误伤了合理的改善型住房需求;行政性去产能更多是去产量,改善中上游行业盈利;运动式加强环保加大企业负担,很多有效率的民营企业不得不退出市场。一些宏观政策缺乏统筹,相互不协调,政策效应同向叠加,导致"合成谬误",一些初衷好的政策产生了反作用。再加上中美贸易摩擦加剧,国有企业、财税体制、市场准入等深层次改革迟迟未能有效推进,政策预期不稳,市场信心不足。

因此,当前我国宏观调控应当更好地平衡短期目标和中长期目标,更加侧重于以改革的思路进行短期需求管理,稳定经济增长,稳定市场信心,夯实经济发展的基础,在发展中解决问题,为进一步推进供给侧结构性改革创造条件。

以改革的思路进行短期需求管理应有两层含义。一是强调改革思维,具有稳定经济和促进需求作用的改革措施要加快出台。比如具有减税效果的税制改革,为金融机构补充资本金从而提升其放贷能力的政策措施等。二是改进工作方式,加强宏观政策、改革措施的统筹协调。提高政策制定的科学性,充分评估政策的潜在影响,避免"一刀切";加强政策协调,避免政策效应同向叠加、用力过猛;政策执行要激励相容,确保政策执行不走样。

(二)需求管理的难点和重点

应当充分认识到中国经济韧性强、潜力大、内需足,具备维护经济稳定并深化改革的条件和基础。一是国内消费体量增长、结构优化,已成为经济增长的压舱石。二是产业链完整,抵御外部冲击的能力强。三是地域广阔，不同地区在要素禀赋、比较优势、发展水平上存在差异，在国内统一市场下能优势互补、梯度发展、优化资源配置，回旋余地大。四是改革红利潜力大，通过供给侧结构性改革，破解体制性结构性矛盾，解放生产力，提高全要素生产率，不断改善增长质量。从发展阶段看，我国城市化尚有巨大潜力，我想先重点分析总需求中的房地产投资和基础设施建设投资。

房地产投资与房地产调控

目前的房地产调控已经实行了两年多，成效明显。一、二线城市政策环境严厉，呈现出限购、限贷、限售、限价、限商的"五限"格局，房价上涨得到有效的抑制，市场上一些投机需求被挤出，维护了"房子是用来住的，不是用来炒的"的市场基本定位。同时，政策的紧缩效应逐步显现，房地产投资增速不断放缓。2018年，"金九银十"的市场规律被打破，9月全国商品房销售面积同比下降3.6%，10月同比下降3.1%。10月当月，全国房地产开发投资额同比增长7.7%，增速连续3个月下降，相比7月高位时的13.2%下滑将近一半。

短期看，一、二线城市房地产市场保持紧调控态势具有合理性和必要性，同时要增加住房供给，更好地满足住房刚需。一、二线城市的人口流入带来了住房刚性需求的自然增长。通过扩大土地供应，引导开发商增加住房供给，既有效满足住房刚需，又解决改善型住房需求，还平抑房价上涨的压力。住房供给增加也有助于房地产开发商出清库存，拉动房地产投资，缓解投资增速放缓带来的增长压力。可考虑缓解房地产开发商的融资压力，增强供给能力；发展房地产投资信托基金（REITs），有利于开发商利用长期资金推动租售并举。

长期看，建立健全房地产市场健康发展的长效机制。一是以市场化为导向改革完善土地制度，建立全国范围内的土地计价交易统一市场,在全国范围内实现占补平衡。二是推动房地产税试点,先推动小范围试点就不会对全国情况有太大的影响。房地产税应成为地方政府的主体税种之一,减少地方政府对土地出让金的依赖。三是推动落实"租售同权",房产与户籍等行政属性逐步剥离,使房产真正回归居住需求。当然要真正降低房产在居住需求之上的附加价值,还需户籍制度、教育资源分配等相关领域的改革相配合。

基础设施建设投资与地方政府债务

地方政府债务收紧过快,基础设施投资增速回落较多。2018年以来,地方政府债务"堵后门"力度大大增强。2018年3月,财政部发布《关于规范金融企业对地方政府和国有企业投融资行为有关问题的通知》(财金〔2018〕23号)文件,以出资人身份约束金融机构向地方政府、国有企业、PPP(政府和社会的资本合作)及地方融资平台提供资金的行为。2018年8月,中央发出了《关于防范化解地方政府隐性债务风险的意见》和《地方政府隐性债务问责办法》两份文件,有效管住了地方政府隐性债务行为。"堵后门"的同时,地方政府债务"开前门"的力度太小,导致基建投资增速回落较大,加剧经济下行压力。财政预算中安排的政府债券发行规模远低于现实中的合理需求。按照国际货币基金组织的估计,中国2018年"增扩的赤字(实际赤字率)"为10.7%。即使将地方专项债券纳入计算,2018年预算安排的名义赤字率也只有4%。一些需要补短板的基础设施项目出现了较大投资缺口,2018年10月,不含电力的基建投资累计增速降至3.7%。基础设施投资增速回落较多,是整体投资增速放缓的一大原因。

地方政府债务风险本来可控,要警惕处置风险的风险。分析地方政府债务的可持续性问题,核心应是净资产而非债务规模。地方政府在"右手"举债的过程中,"左手"资产端也积累了相当规模的优质资产。这些高质量的资产，如土地、国有企业股权等，完全可以覆盖现有的债务，净资产充足，只是缺乏将变现资产用于偿还债务的渠道。国际货币基金组织在 2018 年 10 月的报告中也指出，中国政府的净资产是充足的。而一旦清理地方隐性债务节奏过快、操之过急的话，经济下行压力会加剧地方政府资产价格下降压力，使得地方政府资产面临"火线出售"（Fire Sale）的危险，导致净资产减少，演变成"处置风险的风险"。

短期看，考虑到各地情况差异，"前门"要开够大，要允许有条件、有需求的地方政府市场化举债支持基础设施建设。从地方政府债务现状看，各地风险状况不一样：有的地方负债较高，需要硬化预算约束；有的地方净资产充足，尚有举债空间，不能一概而论。从基础设施建设需求看，我国城市化水平仍然偏低，人口尚在大规模跨区域流动，人口流入和经济发展较好区域还有大量基建投资需求和潜力，不应"一刀切"。

长期看，中央与地方财政关系没有理顺是地方政府债务背后的体制根源，应从完善中央地方财政关系入手。一是建立"一级政府、一级财政、一级预算、一级税收权、一级举债权"体系，各级政府的财政相对独立，放松中央政府对债务额度的行政性约束，提高地方政府举债额度，彻底打开地方政府规范融资的"正门"，避免"一收就死"。积极推动房地产等地方税种试点，稳定地方财力和财权。二是建立有效的市场化约束机制，避免"一放就乱"。完善治理体系，提高债务信息的透明度，更多发挥金融市场的约束作用。发挥地方人大的约束作用，由地方人大自主决定发债的额度、期限和利率。

除了基础设施建设、房地产等传统领域，我国在绿色发展、5G 技术、教育、医疗、养老等领域面临新的快速增长的需求。要将这些领域培育发展成为中国经济新的增长点,就必须为之创造良好的环境。比如降低市场准入壁垒,加强事中事后监管;坚持国有企业"竞争中性",让民营企业与国有企业公平竞争;进一步推动简政放权,减少对市场的行政干预等。

(三)以改革思路处理好需求管理中货币政策和财政政策关系

货币政策的短期应对与金融体系的改革方向

充分认识到货币政策对刺激增长的局限性。对于经济这辆大车,货币政策的作用有如"绳索","抑制过热"的作用强于"推动增长"的作用。货币政策是通过直接作用于金融体系,并经由金融体系传导至实体经济的宏观政策。货币扩张对实体经济的传导路径长,见效慢,刺激力度受金融机构风险偏好影响大,效果具有一定的不确定性,通常不是稳增长的第一选择。现阶段,货币政策的重点应是维护适宜的货币环境。

盲目扩张 M2 和社融不可取。当前,中国经济增长主要由国内需求推动,消费和服务业逐步成为主要驱动因素,与投资和制造业相比对资金的依赖度较低,因此 M2 和社融等数量指标与实体经济的关联性明显下降。盲目追求 M2 和社融所测度的融资供给,不在提振实体经济上想办法,不仅无法解决有效需求不足的矛盾,还会加剧物价和资产价格的上涨压力。长期来看,潜在 GDP 增速明显下降,通胀环境更加稳定,放开管制后利率缺口逐渐收窄,支付技术迅猛发展,较过去更低的 M2 增速更符合高质量发展要求。因此,应逐步淡化数量指标,同时进一步强化利率、汇率等价格机制的作用。

货币政策效果在很大程度上取决于金融机构的健康性和监管政

策。货币政策以金融机构为传导中介，金融机构的健康性决定了货币政策传导的有效性。监管政策直接作用于金融机构，直接影响金融机构资产负债表，很大程度上决定了货币政策传导效果。2018年以来，金融监管政策加强，随着影子银行体系收缩、表外回表，金融机构风险偏好明显下降，资本充足率面临压力，信贷投放明显放缓，货币乘数下降，对货币政策传导影响显著。从实体经济的感受看，是正规金融体系与影子银行体系同时收紧。

短期看，去杠杆背景下，应着力缓解金融机构的资本金压力，恢复并增强其对实体经济的支持。一要拓宽金融机构补充资本金的渠道；二要通过资产证券化缓解金融机构资本金压力；三要引导银行加强对民营企业，特别是中小企业的金融支持，解决"融资难、融资贵"的痛点。

长期看，为适应经济增长转型的要求，金融体系应从过去主要支持国有企业、基础设施、房地产投资，转向加大对小微企业的金融支持。结合我国大银行主导、中小银行体系尚不健全、直接融资占比仍然较低的实际情况，改革完善金融体系可从以下方面入手。一是健全中小银行体系，丰富金融供给的层次，更好地满足中小微企业的金融需求。二是充分发挥金融科技的作用，促进普惠金融的发展。三是大型商业银行在一些小微企业金融服务发展较好的县市的分支机构，可以考虑通过引进民营资本和外资，将其改造成大型商业银行的子行，作为独立法人实现对小微企业金融服务的专业化经营。四是探索"主办银行制"，主办银行通过与小微企业建立股权、资金往来等方面的紧密关联，有效改善融资双方的信息生产、信息处理和信息流通，提升融资可得性。

财政政策的空间和财税体制改革方向

一段时间以来,财政部门聚力增效落实积极财政政策,深入推进增值税改革,加快推进个税改革,降低企业非税负担,规范地方政府债务,成绩突出,有目共睹。当前形势下,对如何更好落实积极财政政策,有一些不同的观点。比如,有人认为增值税其实并不是企业的负担,最终由消费者负担,降低增值税对企业的影响较小,减税应重点降低企业所得税和个人的边际税率。对这些问题应作仔细深入的分析。

一是国际比较来看,中国的宏观税负不算高,主要是社保缴费负担较重。在关于宏观税负的讨论中,以 GDP 为分母,分子通常会出现三种口径。一是"窄口径税负",只包括税收本身。2017 年,中国的窄口径税负率为 17.5%,比经济合作与发展组织(OECD)国家的平均水平 26.2%低 8.7 个百分点。二是"中口径税负",包括税收收入、非税收入和社保负担三块。2017 年,中国的中口径税负率为 27.9%,比经济合作与发展组织国家的平均水平 36%低 8.1 个百分点。三是"大口径税负",包括税收收入、非税收入、社保缴费收入以及土地出让金等国有资产处置收入。2017 年,中国的大口径宏观税负率为 37.3%,比经济合作与发展组织国家的平均水平 42.4%低 5.1 个百分点。

目前,我国五项社会保险缴费合计达到企业工资总额的39.25%。根据世界银行的计算,2016 年中国的"总税率"为 68%,其中社保缴费占 48.8%,是负担最重的一项。历史来看,我国出台社保养老制度时恰逢 20 世纪 90 年代末国企改革脱困,当时采用的是现收现付制度,即当期的工作人群缴费,用于支付当期退休人员的养老金。最早适用新办法领取养老金的退休人员,在工作期内没有缴纳过养老金,"视同缴费"政策的财务负担完全转嫁给了实行新制度之后的在职人员。新旧制度转换形成了巨额的历史欠账，并且政府没有承担制度转轨成本。为了满足养老金给付需求，不得不给在职人群制定较高的费率标准，导致养老金费率难以下调。

短期看，社保费率仍有进一步下降的空间。社保缴费是目前企业广义税负中负担最重的一环，降低社保费率对企业降低成本的影响非常显著。长期看，适应人口老龄化的发展趋势，应将养老金筹资模式从现收现付制转为基金积累制，做实个人养老账户，使账户产权更为清晰，实现"多缴多得"的正向激励，调动个人参加社保的积极性。同时加大国有资本划转社保的力度，弥补养老金历史欠账，保证社保基金在人口老龄化背景下的可持续性。以养老基金持有国有企业股权，有利于完善国有企业公司治理，也可避免少数国家在国有企业相关议题上对我国的指责。

二是增值税理论上不构成企业负担，但中国的增值税税制存在扭曲效应，导致企业的税负感较重。在真正的增值税制度下，增值税表面上由企业缴纳，但是企业可以通过商品定价，将税负转嫁给最终消费者。因此，世界银行在计算各国"总税率"指标时，并不包括增值税。在中国的增值税征管实践中，增值税抵扣链条没有彻底打通，进项税抵扣不足，企业无法充分转嫁。比如，2016年5月全面实施"营改增"（营业税改增值税）后，金融业已经被纳入增值税征收范围，但借款利息不许抵扣进项税，下游制造业企业依然不能抵扣贷款利息所含的增值税。再如，营业税的征管有一定的弹性，但增值税征管有上下游企业的交叉对比制衡机制，管理更加严格。原先一些小微企业不交税，现在必须缴纳增值税，否则不能给需求方开具增值税抵扣凭证，业务会受到影响。最终结果是大中型国有企业减税，小微企业税负增加了。

因此,短期看,增值税调减对企业税负仍有实质性影响,有下调的必要性。长期看,应推动完善增值税抵扣链条,减弱税制中存在的扭曲效应,使增值税成为真正对企业"中性"的税收。

三是个人所得税的税负结构不合理,中低收入群体的税负太重。个人所得税是调节收入分配的有力工具,理论上应该主要面向中高收入群体,将中低收入群体尽可能排除在外。比如,美国个人所得税占总税收的比重达到39.3%,远高于中国8%的占比,但是有45%的人完全不缴纳个人所得税。在荷兰,仅有20%的人口需要缴纳个人所得税。中国的情况是,2016年,纳税人数量已经占到城镇职工人数的82%,中低收入工薪阶层成为纳税主体,税负偏重。相反,对一些高收入群体的税收征管没有做好,该收的税没收上来。为了保证税收收入,导致起征点过低、税率偏高。

因此,短期看,可降低个人所得税税率,提高起征点。长期看,应不断加强对高收入群体的税收征管,加大处罚和威慑力度,更好地维护社会公平。

四是积极的财政政策应该更加积极。当前我们应该汲取欧洲经济复苏中的教训,国际金融危机后,欧元区由于财政体制存在缺陷,需求管理财政政策发力不足,拖累了经济复苏,复苏之后,又导致经济增长势头不稳固。财政政策直接作用于实体经济,传导路径短、见效快、力度较强,能有效支撑经济增长。当前我国财政政策空间充足,财政政策力度主要是受中央财政赤字安排偏低的约束,中央财政赤字仍有扩大的空间。应完善转移支付制度,提高财政资金使用效率。目前一些地方政府资金配套不足,导致中央专项转移支付资金闲置,亟须盘活几万亿国库资金。同时,财政资金碎片化使用,在如何集中力量办大事、补短板方面也有改善空间。

短期看，积极财政政策需要聚焦基础设施领域突出短板，保持有效投资力度，促进内需扩大。当然，积极的财政政策不能走"大水漫灌"的老路，而是要以改革的思维，从供给侧结构性改革的视角，致力于补短板、扩内需。

长期看，则需要加快建设性财政向公共财政转型。不断优化财政支出结构，减少可市场化的基建项目支出，增加教育、医疗、养老、环保、扶贫等公共领域的支出，提供有效率的、让群众满意的公共服务，增强人民群众的"获得感"。值得注意的是，中国经济增长转型有一个过程，财政支出从过去主要支持基础设施建设等领域，转向提供公共服务和公共物品，也需要一个过程。短期看，我国基础设施建设仍有空间和潜力，不应该对补短板的基础设施建设"一刀切"，要允许财政支出结构平稳、逐步地转变，为经济结构转型升级、增长动能新旧切换提供一个稳定的环境。

总之，我国可以实施更加积极的财政政策，不存在所谓的资源约束。从凯恩斯定理引申来看，需求创造供给。财政支出不仅会增加投资，也会增加储蓄，不受当前储蓄水平的制约。当然，在有效需求不足的现实条件下，财政支出如何充分融资，财政债券如何有效发行，财政风险如何安全控制，这些技术问题也必须深入研究。但算大账，财政支出具有"自我融资"的功能，并不存在储蓄资源约束财政空间的问题。

综上，我认为，当前中国经济的主要矛盾是有效需求不足，应坚持"发挥市场在资源配置中的决定性作用，更好发挥政府作用"，宏观调控应在短期需求管理和结构性改革之间更好地权衡，更加侧重于以改革的思路进行短期需求管理，稳定经济增长，稳定市场信心，夯实经济发展的基础，才能为进一步深化供给侧结构性改革创造条件。当然，还需强化宏观政策统筹协调,避免政策不协调、效应同向叠加,有序推进各项宏观政策和改革。

徐　忠

信义义务没有得到普遍履行,道德风险大量存在

承担风险、获取收益是基金的基本特征,也是基金的生命力所在。信义义务是基金行业的基石,但实践中,市场各方对信义义务的理解并不一致,信义义务也没有得到普遍履行,道德风险大量存在。

一段时间以来,中国证券投资基金业协会(以下简称基金业协会)在登记备案中发现:大量私募机构出于规模扩张甚至囤壳目的,虚设私募基金管理人,导致机构登记后不实际履行管理职能;部分机构频繁更换法人代表、控股股东或实际控制人,无法形成稳定有效的内部治理机制;部分机构试图以股权代持方式完成登记,关联方缺少日常监管,从事与私募基金业务相冲突的业务,埋下风险隐患;部分产品募集未完成就申请备案,备案后利用协会信用背书扩大募集规模;部分产品虚设投资单元,分散募集、集中运作,变相开展“资金池”业务;部分产品投向单一债权资产、无法确权资产,甚至任意创设收益权资产,不能有效维护基金财产安全。所有这些行为都没有履行信义义务,既不符合专业本质,也增加了金融风险和融资成本。

由于行政许可无法预知谁更有信用,行政和司法处罚的作用也仅限于威慑,投资人和管理人之间因责任不对称、信息不对称、能力不对称衍生的失信问题很难通过他律得到有效矫正,因此需要行业内部自律。

行业自律就是要在法律和行政监管要求的基础上,从市场缺陷和

个体道德有限性出发，将信义务的完整要求转化为行业共同的行为准则。这一自下而上的行为规范建构过程，正是信义务得到普遍遵守的过程。

当前基金业协会正在推动三方面的自律建设。

一是进一步完善登记备案须知，优化登记备案流程，为市场合理展业提供清晰标准。基金业协会将进一步明确股东真实性和股权架构稳定性要求，严禁股权代持，重点关注股权结构层级过多、循环出资、交叉持股及为规避出资人相关规定而进行特殊股权设计等情形。厘清管理人登记边界，强化集团类机构主体资格责任，明确已登记的私募基金管理人为设立某只合伙型基金而出资或派遣员工专门设立的普通合伙人（GP），无须再作为私募基金管理人登记。

进一步明确关联方要求，对关联方为投资类公司、关联方同业竞争等事项提出合理性审查。落实《私募投资基金管理人内部控制指引》，加强高管及从业人员合规性、专业性要求。原则上除法定代表人外，其他高管不得兼职，相关从业人员应具备与岗位要求相适应的职业操守和专业能力。明确中止办理和不予登记的条件，定期公示不予登记的申请机构名称及不予登记的原因，同时公示为该机构出具法律意见书的律师事务所及经办律师名单。

强化公平对待投资者和投资者利益保护要求，对证券类产品，在安全垫设计、费用回拨机制、业绩报酬提取机制和结构化收益分配机制等方面作出必要限制。对债权类产品，要求封闭运作，基础资产应完成债权转让登记，要向投资者披露债权底层资产的债务人、项目情况、剩余债务期限、到期收益分配、交易结构、特殊风险状况等信息，严禁从事类信贷业务。对股权创投类产品，要求封闭运作，真实投资并确权，不得在不同私募基金之间转移收益或亏损。对收（受）益权类产品,要保障基础资产有可追溯的稳定现金流,现金流账户可控且满足风险隔离要求,禁止刚性回购;基础资产只能证券化一次,不得多次证券化;不得投资创设在收(受)益权之上的收(受)益权,不得投资于创设在资管产品(包括私募投资基金)之上的收(受)益权。

二是推动建立行业尽职调查行为标准,提升展业过程的规范度和透明度。协会将针对不同类别的私募基金管理人、投资产品及其投资标的推出不同的尽职调查指引。在对私募股权和创业投资基金管理人的尽职调查方面,指引将涵盖投资策略、投资流程、团队建设、合规风控能力、会计估值及法律行政、环境与社会影响等14项指标,按必要和个性化要求提供参考模板,方便专业投资者更加全面地了解基金管理人,帮助其基于市场化信用作出合理决策。在对基金底层资产的尽职调查方面,指引将重点关注基础资产真实性、现金流预测科学性、回款保障机制等,帮助基金管理人更好地管理投资组合风险。

三是全面实施信用信息报告制度,推动建立多维度市场化信用制衡机制。2018年年底,协会正式发布《私募股权投资基金管理人会员信用信息报告指引》。股权类机构信用信息报告指标将包括合规性、稳定度、专业度、透明度等24项指标,辅以13项投资风格指标,为行业建立公允、透明的评价体系和评价机制提供便利条件。基金业协会希望,该制度能够发挥信用记录和信用约束作用,为相关金融机构提供信用推荐和信用验证服务。例如建立私募机构"白名单",让信用记录良好、内部治理稳健、历史业绩优秀的私募机构有机会脱颖而出,获得更低展业成本、更大展业空间。

基金业协会将行业考核评价机制从结果导向转为过程导向,促进市场选择和市场博弈,让管理人真正讲信用,让投资人真正识风险,并获取承担风险后的收益。只有如此，才能真正提升基金业的力量，才能让金融资本更好地匹配风险资产，为民营、中小企业"融资难、融资贵"问题提供解决方案。

钟蓉萨

新经济发展——拥抱与赋能

张春　上海交通大学上海高级金融学院执行院长、金融学教授

石磊　吸引子咨询创始合伙人、董事长

中国新经济发展需要资本市场支持

现有的金融体系以银行短期贷款为主要的金融产品来支撑融资体系,极大地制约了中国新经济的增长。同时,它也造成巨大的资源配置,聚集了巨大的金融风险。中国新经济的发展需要资本市场,需要包括公募私募的股权融资和中长期的债券融资来支持。

中国下一轮新的经济增长主要是创新驱动的经济发展,新经济企业的发展往往有风险相对比较大和轻资产的特点,而现有的间接融资主导的体系并不利于支持这类企业发展。

中国银行体系的贷款,算上影子银行,加起来的贷款占中国社会融资总量的70%～80%,以这样一种金融体系来支撑中国新经济的发展是不可能的,中国需要更多的股权融资,尤其是公募的股权融资,

以及中长期的债券融资。

为什么中国的资本市场，尤其是股票市场没有发展起来？最大的原因是行政干预过多。我国目前正在推进的注册制，主要目的是希望减少行政的干预，监管当局应该主要对信息披露的真实性进行监管，而证券整个发行、上市过程的定价、审核权力应该都交还给市场主体。

在 2018 年 11 月 5 日举行的首届中国国际进口博览会开幕式上，国家主席习近平表示将在上海证券交易所设立科创板并试点注册制，支持上海国际金融中心和科技创新中心建设，不断完善资本市场基础制度。

但是，注册制要想成功推出，需要有很多成熟的参与者来参与。这是一个"先有鸡还是先有蛋"的问题。风险也是存在的，中国的买方市场没有很专业的长期投资者，是由散户主导的。

对此，我建议扩大通过税收优惠模式发展第三支柱养老金的试点，扩大长期机构投资者规模。2018 年 5 月，酝酿多年的个人税收递延型商业养老保险开始在上海市、福建省、苏州工业园区开展为期一年的试点。参保者将拥有一个专门的商业养老保险账户，其中的缴费将享受税收递延的优惠。这一举措被认为是扩大个人商业养老保险规模、完善中国养老保险体系的关键一环。但也有业内人士称，目前的个人税延养老保险发展低于预期。

我个人觉得这块需要更大的力度去推进。因为中国的养老金本身也有很大的缺口，这对中国社保养老有很大的意义，同时它能够帮助资本市场引入更长期的、更成熟的投资者。

张　春

金融赋能新经济，制度稳定性是核心

无论市场是缺少流动性还是流动性充裕，是机构主导还是散户主导，核心都是制度的稳定性。

中国新经济企业会面临选择去哪里上市的问题，是因为底层制度不完善。对制度稳定性最基本的要求，是企业家可以有一个稳定的预期，在什么样的地方做什么样的定价、做什么样的融资、进行什么样的退出。

新经济新在哪儿？金融投资如何应对？

新经济的新，一是商业模式新，有更好的适应性，这同时意味着高度的不稳定性；二是技术新，可以解决旧技术解决不了的问题，但行业标准也在高速更迭。

在这样的约束下，金融不但起到了资源配置的作用，更重要的是要控制风险。风险多是市场激励机制短期化造成的。金融的核心是把风险收益关系调整到与管理资金水平相适应的水平，这样才会有金融工具的创新、金融制度的创新、金融市场的创新。

资金投资在一个新经济体里，流动性风险是一把双刃剑。当流动性风险非常小时，市场创造了很多可以变现和退出的方式，但其实很容易造成未来几年的市场混乱。用短期的工具和制度建设缓解长期问题，这对于金融人可能是巨大的机会，但对于市场长期发展并非一个特别好的调整方式。如果市场制度的设置决定金融投资和新经济只能有短期关系，而非长期化的伙伴关系，很可能只会带来双方，甚至多方的博弈。

创业型企业新模式不断再生，新技术不断出现，如何评估？

对于很多没有成熟的、分散模式的初创型企业或新经济企业来说，如果在二级市场、一级市场都找不到"估值锚"，则可以重新评估"赛道"，即新经济解决老问题带来的经济价值的增加，而后在这个"赛道"内进行分散投资，也可以通过解决问题的方式来进行估值，或者进行风险定价。

金融赋能新经济，赋能的定义既不是管理也不是激励，而是让新经济自组织、自生长，让市场来选择。

石　磊

数字经济：赋能新时代

单志广　国家信息中心信息化和产业发展部主任

张懿宸　中信资本控股有限公司董事长

孟樸　高通中国区董事长

杜兰　科大讯飞高级副总裁

数字经济缺少权威统计方法

怎么科学地衡量数字经济的贡献？目前还没有科学的法定的统计方式。这是数字经济面临的问题之一。

从做研究的角度来看，数字经济有两方面的问题值得关注。一方面是如何正确地理解和认识数字经济。现在仍然处在盲人摸象的阶段，不同的人看到的是不同的定义、内容、路径。过去有人说，数字经济是虚拟经济，我认为是有偏差的，数字经济就是新时代的实体经济，如果没有实体经济作为支撑，数字化就无法真正赋能经济发展。

另一方面，从促进各个方面的赋能增长来讲，最大问题是怎么判断数字经济对整个经济的贡献。麦肯锡的数据显示,2017年中国数字经济占GDP的32.3%,也有其他平台给出了数据,但这些都不是权威数据。

我国工业经济有几百种,门类非常全,GDP有很多种统计方法。而对于计算数字经济、新经济的价值和增益,国内外很多企业、研究机构做了大量的报告,但是测算的体系完全不同。

目前国家相关部门,比如发改委、国家统计局也开始研究数字经济的统计问题,但是比较难。因为数字经济对每个领域贡献度不同,因此测算方法和结果都十分复杂。

有机构认为,我们国家到2025年左右,数字经济能够达到50%,也就是数字化对整个经济的贡献达到一半。但是如何科学地进行统计,进行国内外的比较,不同行业的比较,数字产业化和产业数字化的比较,第一产业、第二产业和第三产业的比较,我们都还有很多问题需要研究克服。无论是产业界、学术界还是政策界都需要进一步研究,形成更好的方法论体系来指导整个数字经济有更好更快的发展。

针对数字经济这一概念,我认为,所有被数字化的行业都属于数字经济,而非仅仅是个别行业。我将数字经济分为技术、设施、数字化转型、数字化生产力、数字化服务和数字化治理等维度。

在技术上,新一代新兴技术以物联网、云计算、大数据、增强现实(AR)、虚拟现实(VR)为代表,推动整个数字经济发展。

在设施上,我将其分为两方面:其一为5G技术等信息化基础设施;其二为智能化的实体设施,如具备感知能力的桥梁、道路。

在数字化转型上,传统的工业、服务业、农业等都要在数字化浪潮中升级转型。其中,服务业的转型潜力最高。

此外,企业、政府等可以通过智慧城市等模式,提供数字化服务。

单志广

企业级服务行业数字化转型任重而道远

中国针对消费者层面(2C)的数字化基础设施建设已走在前列,但针对企业(2B)的则任重而道远。

如今做投资,无论如何都绕不开"数字经济"这个议题。与2C行业相比,由于历史发展的沿革及相对粗放的发展方式,在2B层面推行数字经济更为困难。二者的不同之处在于,2C行业只要解决了自身问题就能打通C端,但2B行业大多处于中游,在业务数字化过程中,牵涉的上下游太多。

同时,中国2B服务业碎片化严重,规模效应不强。比如,我国物流行业尽管发展迅速,但成本远高于其他国家,原因是整个行业没有打通,许多工作在重复进行。

此外,地方政府保护、企业内部腐败等非市场化因素,也给2B行业的数字经济转型带来较大困难。以设施管理行业为例。这一行业由于从业人员庞大,在欧美是典型的规模化行业,相关企业的市值甚至达到上百亿美元。而在中国,设施管理行业仍然是"人情关系"形态的生意模式,长期难以规模化。

在我看来,中国在2C层面的数字化基础设施建设已走在世界前列,其根本原因在于,中国通过跨越性发展直接进入了移动互联网时代,又有市场规模效应的加成。这一点在以下关于麦当劳的案例上体现得非常充分。

2017年,中信集团牵头收购了麦当劳中国区的20年特许经营权。进入麦当劳后，中信着重做了两件与数字经济相关的工作：一是外卖，二是移动支付。

中信与麦当劳总部曾产生分歧。总部对中国管理层提出，需建成目标数量的"得来速"(Drive-Thru，即无须下车便可点餐、取餐)门店，但中信认为应把精力投入外卖服务，充分利用中国目前的O2O平台，如美团、饿了么。因此中信着力完善麦当劳中国区的外卖体系，实现和第三方系统对接，组建专属送餐队伍，对送餐员进行标准化的培训等，而这些是典型的数字经济应用。

中国的移动支付非常成熟，麦当劳中国门店中的移动支付比例已超过70%，这是其他国家都没有达到的。和支付宝在移动支付领域合作，麦当劳中国区能够抓取消费者画像(买了什么？花了多少钱？多久来一次？)并利用这些数据进行深度分析。

因此，中信将麦当劳中国区的移动支付建设视为首要之急，争取到了麦当劳总部的IT支持，但9个月的App开发时间对中信来说仍然太久，最终中信说服麦当劳总部和腾讯合作，仅花了6个星期就推出了麦当劳小程序。麦当劳小程序上线一年半，已积累了7000万会员。通过小程序，消费者能叫外卖，能提前点餐、避免排队，麦当劳中国区也能借此进行个性化的数字营销。

在此，我以麦当劳早餐的例子来说明数字经济对新产品营销的助力作用。早餐是麦当劳的重要业务板块，在全球销售额中占比20%，但中信接手中国的麦当劳时，早餐业务在麦当劳中国区销售额中仅占比7%。2018年3月，麦当劳中国区针对中国消费者推出了三款不同的粥和油条，选择和支付宝、微信支付合作，通过LBS(Location Based Services，即基于位置的服务)进行数字化营销：如果消费者在早餐时间路过了麦当劳的门店，支付宝等App会推送相应的麦当劳早餐广告。

此后,中国麦当劳的早餐业务占比以每月一个点的速度上涨。这完全基于我们的移动数字化平台的应用比美国更广泛。

张懿宸

5G 如果不能实践统一标准将影响普遍应用

5G 时代仍有可能面临标准碎片化的问题。过去,全球有 3 个 3G 标准、2 个 4G 标准,如今推出了统一的 5G 标准。但很多国家都开始把它"掰"回去,这会影响技术的普遍应用和实施。今后如何继续保持全球协作,是我们要面临的一个挑战。

2018 年 5G 全球标准第一版规范已经完成。目前全球有 20 家终端厂商,在使用高通的首款 5G 调制解调器芯片组 X50。2019 年,中国厂家会在全球的市场同步推出 5G 智能手机。

未来 10 年,5G 会为全球带来新一轮的发明浪潮。它将作为统一的通信平台,和互联网、电力一样被所有的行业所采用。

我认为,4G 改变生活,5G 将会改变社会。5G 不仅仅为手机所用,它体现的是一个网络无处不在的新世界。无论是电子设备、工业机器还是农业器械,甚至汽车都会被纳入 5G 网络。未来 5G 和人工智能等技术的结合,将为全球带来创新浪潮。

到 2035 年,5G 价值链将创造出 3.5 万亿美元的营业额和 2200 万个工作岗位,其中将在中国创造 9840 亿美元产出和 950 万个工作岗位。这一机遇远超过去的 3G 和正在使用的 4G。

数字经济也给日常生活带来了巨大影响。10 年前,中国还没有发放 3G 牌照,用户主要依靠电话语音和短信完成沟通,开车甚至需要额外的导航仪。如今，全球前十大的智能手机厂商里面，有 7 家来自中国，社交网络、电子商务等应用迅速崛起。

对于数字经济面临的挑战，首先是对个人信息的保护，其次是如何多方协作，加快人工智能算法的落地。

孟 樸

认知智能还是无人区

当前的人工智能技术究竟发展到了什么阶段？我以为，机器在运算智能、感知智能上已逐渐超过人类，但认知智能还是无人区。

在运算智能上，如围棋机器 AlphaGo 让人类清楚地知道，机器已经比人强了；在感知智能上，包括图像识别、语音识别等，机器也越来越强，在一些领域已经超过了人类；在认知智能上，机器能理解、会思考，但这方面，机器远远不如人类，无论是在中国还是在美国，非常多的人工智能企业都在不断地努力，因为这还是"无人区"。

人工智能对社会的改变，将主要体现在人机交互和解放简单重复的劳动上。

首先，在万物互联阶段，人机交互语言是非常自然的方式，未来人和机器就会像人和人之间一样，用语言进行沟通。回到家里，可能说一句"我回家了"，电灯、加湿器、空调都会自动打开。

其次，人工智能可以学习最优秀的人类的能力，让机器可以轻松超越 90％的普通人。比如，科大讯飞在医疗影像识别上应用人工智能，平均召回率为 94.1％，而一线医生的准确率平均只能达到 70％。这样人工智能就可以把人们从简单重复的劳动中解放出来，让人们做更加有情感的、有创造力的工作。

　　如今这一轮人工智能复兴,关键是要抓住三个要素:一是核心算法,即模型基础上核心能力的突破;二是行业大数据,中国经过这么多年创新创业的发展热潮,已经有了很好的移动互联网的基础,也积累了非常多的行业大数据,"人工智能也是靠数据喂养出来的";三是行业专家,比如在人工智能医疗领域,就要和最好的医生合作,让他们来给机器定标准。这三个要素都必须具备,才可能把人工智能和各个行业结合起来。

　　至于在目前的挑战中,不少人工智能技术并非雪中送炭,而是锦上添花,需要产业以更开放的心态去尝试。

杜　兰

让平台经济良性发展

吴敬琏　经济学家

随着互联网的发展，互联网平台经济（Platform Economy）在全球迅速兴起，正在改变我们每个人的生活。由于中国拥有巨大的市场规模，以 BATJ（百度、阿里巴巴、腾讯和京东）为代表的平台经济蓬勃发展，传统的线下交易由此转变为现在的线上交易。

从经济学的角度看，这种转变为交易合同的达成、支付及执行提供了新的实现形式，使交易成本大幅下降，许多原来在线下无法完成的交易在线上变得可行，也使各方面参与者能够共享由此带来的效益。在我国这样一个幅员辽阔、"诸侯经济"尚未被完全打破的国家，线上交易的优越性对统一大市场的形成是有益的。不仅如此，平台企业还有规模经济、范围经济和网络外部性的优势，并获得了市场参与者的交易、结算等众多信息，占据了客户和数据的优势。因此，有的学者提出，所有市场主体通过一个平台协调、交易时，网络效应最大化，效率也最高。

但是，美好的事物往往有阴暗面。信息产业本来就是一个"高固定成本、低边际成本"的产业,因而也是"赢家通吃"的产业。有学者担忧,现有平台企业已经与潜在进入者在市场份额、客户、数据方面存在巨大的"鸿沟",它们还在凭借这些优势,通过组建实业风险资本(Corporate Venture Capital,CVC),投资新的企业,探索新的模式。平台经济的这种"赢家通吃"及投资并购优势,是否会演变为"通吃赢家"并长期维持垄断,就像传统经济中的铁路网、电网等基础设施行业的企业,一旦占据市场支配地位就可形成长期的垄断,难以被其他公司以较低成本复制或者绕开。

对垄断有这种担忧,是因为垄断乃导致市场失灵最重要的原因之一,居于垄断地位的企业利用其市场势力将价格提到远高于边际成本的程度,或者提供较低数量的产品以维持价格,导致无谓损失。19世纪末,美国钢铁、铁路等行业迅速发展,一些竞争者之间通过固定价格、串通投标及分配顾客等达成共谋,操纵价格,形成垄断,也曾引起类似的担忧和讨论。其结果是,美国国会于1890年通过《谢尔曼法案》,该法案及之后的一系列反垄断和不正当竞争的法律,都旨在维护市场经济的公平竞争。

对垄断行为进行监管的公共政策也经历了一个演变的过程。传统对垄断的判定往往是根据企业的市场占有率。一些国家的反垄断法明文规定,企业的市场份额达到一定标准,就被推定为具有市场支配地位。另一些国家虽然没有明文规定的标准,但法院在确认企业是否垄断时依然以市场份额为主要依据。然而,反垄断的实践发现,单靠市场占有率判断是否垄断是一种过于简单的做法,并不能有效地达到促进竞争、提高效率、改善社会福利的目标。相反,正如诺贝尔经济学奖得主乔治·施蒂格勒所说,即使某一市场只有一家企业,潜在的进入者也能够构成对垄断企业的竞争威胁,迫使后者努力提高效率和改善服务,否则就会面临被潜在竞争者击败的危险。这样,对垄断的判定逐渐地不再依据企业的市场地位,而要看企业是否通过不正当的手段压制或损害竞争,法律转向禁止企业滥用市场支配地位的不当行为。

对上述不当行为的界定,有关法规往往只针对典型的滥用市场支配地位规定一些概括性的条款,因此对实践中出现的新行为,界定上就面临较大困难。尤其是平台企业,它们与传统的基础设施,如电力、铁路等行业的企业有着很大的差异。例如,一些国家的反垄断法通常列举剥削性滥用和妨碍性滥用。剥削性滥用是指,企业对部分顾客(供应商)规定不合理的价格,也称价格歧视。妨碍性滥用是指,拥有市场支配地位的企业,为了维护或进一步加强其市场地位,利用其市场支配地位排挤竞争对手,或者阻碍潜在竞争者进入。作为双边或多边市场的平台具有跨边网络外部性,对于平台一边参与者的补贴,可以增加另一边参与者的利益并提升平台的价值。因此,平台在定价时,就可能对价格更敏感的用户实行免费或者提供补贴的策略,同时对价格不太敏感的另一边用户采取收费,甚至高收费的策略。作为一种竞争策略,免费、补贴等定价策略可以迅速击败竞争对手,形成对潜在进入者的壁垒。而在传统企业,对客户提供补贴或者采取低价策略,就可能被认定为价格歧视。

2014年诺贝尔经济学奖得主梯若尔与其同事罗歇合作研究了双边市场的定价问题,他们在2003年发表的经典文章《双边市场中的平台竞争》是对平台经济领域最早的研究之一。梯若尔等人在2006年的研究中又进一步分析了多边市场的价格结构具有非中性的问题。"如果平台向市场一边收取较多费用,相应减少对另一边的收费,从而影响交易量,那么市场是双边的。换言之,价格结构非常重要,而且平台在设计价格结构时必须使它能够吸引市场两边的用户。"因此,传统竞争政策中的价格反映成本、反映社会价值等理念,对平台经济也不一定适用。这不仅是因为有跨边网络外部性的问题,而且由于信息不对称,无论是政府部门还是市场参与者都难以判断定价策略的合理性及其对社会的影响。

虽然,平台企业存在一家独大的垄断趋势,但我们也看到,平台企业始终面临新技术的竞争和新商业模式的竞争,平台与平台之间,甚至平台内部还存在着激烈的寡头垄断竞争。最为重要的是,平台经济具有多归属性(multi-homing),一个人既是甲电商的用户,也是其他电商的用户,既可以使用甲门户网站,也可以使用乙门户网站,正因为如此,曾经称霸一时的平台,例如雅虎、诺基亚和黑莓,会在短时间里被谷歌、脸书和苹果等竞争者超越,甚至淘汰。今天的优势企业,也可能被迅速成长的新公司超越,没人能保证它们当前的市场占有率能够持续多久。因此,重要的是如何保持良好的竞争环境,使现在具有优势的企业只能靠改善服务和创新来维持其市场地位。

除了"赢家通吃"的属性,平台企业还有另一个重要但容易被忽视的属性。平台企业往往是供应方和需求方接入并互动的"基础设施",是交易设施的提供者,因此具有准公共品属性。梯若尔研究了处于"关键设施"、"基础设施"或者"瓶颈投入品"领域的企业,他认为,这类企业可以对下游企业"设置准入管制"或者"设置准入权"。这可能是平台企业出于自身商誉考虑,需要维护平台的交易秩序、保证参与者平等参与及权益保护。平台的这一功能属性,就使平台成为一个"自律监管者",设置"准入权"就成为一种必要的自律监管措施。如果反垄断当局不能容忍"准入权"管理的排他性行为,那么交易秩序,尤其是服务质量和安全性问题应该如何保障? 如果允许进行这种"准入权"管理，作为基础设施的平台企业就有可能获得"垄断"高收益率，对此，公共政策又该如何应对？

此外，平台企业的自律监管还有可能与其自身的经济利益存在一定的冲突。平台企业为了实现经济利益最大化，需要尽可能地扩大参与者群体。因此，它们往往致力于更多的上下游开发，希望更多的用户参与并建立双方可互动的商业模式，从而将更多的用户、社区集中起来。例如，游戏平台企业会致力于吸引更多的视频游戏玩家和游戏开发者、操作系统的用户和应用程序开发者、媒体和广告商、支付客户和商户。正如梯若尔指出的，理论认为，这样的公平进入可以使下游企业在公平竞争的基础上为赢得最终用户展开竞争。在这种上下游企业自由的双边谈判中，下游企业的竞争又可以削弱上游企业的市场势力。这样一来，如何维护交易秩序、平衡市场竞争者之间的关系，就成为公共政策需要考虑的另一个问题。

如前所述，平台企业连接着供应方和需求方，从中获得了大量的用户数据。"数据就是新型石油"，数据是平台企业巨大价值的来源，一些经营有方的公司试图通过各种方式使用数据以保持其竞争地位，拓展新的业务领域。但是，在数据处理和运用的过程中，也存在数据安全和隐私保护的问题，脸书信息泄露事件就是一个典型例子。这就提出了问题：对平台企业的数据处理和应用是否需要监管？如何监管？2018年5月，欧盟出台了《通用数据保护条例》，对个人信息实行严格的保护，美国加利福尼亚州也在酝酿实施新的信息保护法案。这些都是值得我们加以关注和研究的趋势。

总之，面对平台企业的种种复杂情况，业界、学界和公共政策的决策部门都要进行认真和细致的研究，权衡利弊，作出恰当的选择。对于如何对待平台经济发展带来的这些问题，我愿意引用梯若尔在诺贝尔奖颁奖演讲中的观点。他说，自由竞争的市场能够保护消费者免于游说团体的政治影响，并迫使生产者按成本提供产品和服务。但是在现实生活中，市场经常是失灵的。市场失灵、竞争受到削弱的时候，怎么办？就要有公共政策约束市场势力，维护市场竞争。公共政策的要点，就是捍卫消费者利益和社会福利，采用正确的方法维护公平竞争的市场秩序。

1993 年，中共十四届三中全会《中共中央关于建立社会主义市场经济体制若干问题的决定》就指出，着重"创造平等竞争环境，形成统一、开放、竞争、有序的大市场"。2013 年，中共十八届三中全会《中共中央关于全面深化改革若干重大问题的决定》重申："建设统一开放、竞争有序的市场体系，是使市场在资源配置中起决定性作用的基础。"时隔 20 年的两个决定，都如此强调市场的竞争性质，是因为市场有效配置资源和形成兼容的激励机制这两个基本功能，都是要通过竞争才能实现的。也就是说，只有通过竞争，才能发现价格，使之真实反映供求状况和资源稀缺程度，从而引导资源实现优化配置和再配置；与此同时，只有竞争的激励鞭策，才是推动企业努力提高自己的核心竞争力，为社会持续提供成本最低、质量最好的产品的最强大的力量。

人类正处在信息时代和数字时代，面对平台经济这一新事物带来的诸多新问题和新挑战，我们不仅要有思考和实践，还要学。我想，所谓的学，就是检索和梳理文献，了解前人做了什么，或者前人提出了什么问题和思路。在学的基础上，从基本问题出发，运用基本理论，开展深入研究，总结实践经验，才能找到解答。

科创板带来新机遇

曹卫东　联讯证券副总裁

内地市场两融制度的现状与缺陷

沪深市场的两融业务始于 2010 年,从当前两融业务的发展情况来看,总量已初具规模,两融余额超过了 7500 亿元,最高一度达到万亿元,与香港等成熟资本市场相比,也不遑多让。

但结构上,两融业务严重失衡。7500 多亿元的两融余额,融资单项便占了 99%,融券余额极小,月均成交规模仅百亿元,与香港交易所千亿量级相比,差距甚远。原本意图建设的"双边市场"变成了"跛脚"的单边市场。

"跛脚"的原因众多,有投资者教育不足、个人投资者比例较高、不适应专业要求较高的融券业务等问题,也有两融制度本身设计上的缺陷。

一是融券券源不足,供给受限。

　　证券公司独木难支,融券券源十分有限。因为一方面证券公司自营持有的 A 股市值较小,可供出借的证券规模有限;另一方面,证券公司自身会倾向于储备具有较好涨势的股票,来保证自营的持仓估值与业绩。对有意卖空的客户来说,要在专业投资经理筛选后的持仓组合里找到确定性较大的做空券,难度极大。

　　因此,融券业务的发展十分需要外部力量的协助。但在沪深市场上,仅存的外部力量——证金公司,虽然可以向券商的机构客户借入证券,再使用转融通业务给到证券公司,但考虑到内地资本市场可能有近 50％的市值掌握在个人投资者和企业股东手中,证金公司可借入的证券规模上限实际上也偏低。

　　同时,证金公司本身是一个行政色彩较浓的半官方机构,面临较强的监管压力,会迎合监管机构的诉求。融券作为可能加大市场跌势的业务,其属性不利于"稳中有涨,涨跌适度"的监管目标。

　　二是两融费率过于刚性,卖空成本过高。

　　目前来看,对于沪深两市,证券公司的融资利率固化且高,基本集中在 8.35％和 8.60％两档;融券利率一般是在 6 个月贷款基准利率的基础上上浮 3％,没有明确的分档定价,基本在 10％以上,极大地制约了投资者利用融券工具卖空的意愿。

　　同时,考虑到贷款基准利率已经逐渐失去了政策利率的意义,调整次数较少,无法及时反映市场利率的变化,以此为基准加点制定融券利率的方式也有待商榷。

香港案例

　　在香港,融资融券的说法不多见,与其对应的更多是孖展和卖空。

孖展又称保证金融资，等同于内地的股票融资业务，都是指投资者以保证金和证券资产作为担保物向金融机构借款购买股票、ETF（交易型开放式指数基金）等证券的行为。以 2017 年港交所披露的数据来看，香港市场的孖展余额为 2060 亿港元，较 2006 年增长了 9 倍，发展较为迅速。

但与内地学习的亚洲模式不同，香港孖展业务在投资者与金融机构准入门槛、风险控制、证券与资金存托管等制度方面的设计跟随的是欧美市场模式。

在金融机构与投资者准入门槛方面，香港证监会要求提供孖展服务的金融机构至少要满足两个条件：一是资本金维持在 1000 万港元以上；二是最低流动资金时刻维持在 300 万港元以上或高于等于负债总额的 5%（以较高者为准）。具体到机构，包括专业的证券经纪公司、证券公司等多类金融机构，都具有较高的竞争性。

而对投资者，香港证监会没有特别的约束，允许个人投资者参加，最低资金只要求 5000 港元。但如果只满足该要求，只能开设现金账户，用自有资金买卖交易股票，不能进行融资借贷。如果要进一步参与孖展业务，还需满足信誉良好、有过买卖交易经验等额外要求，并将资产证明、家庭地址、工作情况等相关文件提交业务部门审批。审批通过后，证券公司再给投资者开设专门用于孖展交易的保证金融资账户（俗称"孖展账户"），或直接将此前开设的现金账户升级转为孖展账户。

开户时，证券公司会让投资者签署孖展贷款协议，允许证券公司将投资者账户里的股票或其他证券作为抵押品向银行等金融机构借款，进而转贷给投资者。证券公司作为连接银行与投资者的中介，赚取其中的利差。如果交易需要速度，投资者需求较为紧迫急切，证券公司也可用自有资金满足孖展客户的融资需求，过后再将股票抵押贷款以补充自有资金。

获得孖展融资资金后，投资者可以将这些资金和自有资金混合使用，随意购买资本市场上的大多数证券品种，不受限制。这与内地融资所得资金购置股票只能在交易披露的名单里选择相比，更加自由。

在风险控制方面，香港证券公司相机抉择的特征比较明显。一来香港交易所和证监会没有像内地一样，设定强制性的融资保证金比例，而是由各券商根据财务规制、自身对风险的判断等方面来自行决定；二来后期如果市场出现较大的波动变化，香港证券公司可酌情调整，要求投资者补充保证金或相关证券。

在证券与资金存托管制度方面，香港采取的是客户保证金混合存管制度。在混合存管制度下，投资者既可以把孖展账户中的保证金交给证券公司，由证券公司统一存入它们在持牌法人（主要是商业银行）处开设的信托账户（称"经纪商存管"），也可以直接在证券公司约定的某个持牌法人处开设资金账户，保证金以客户名义存放（称"第三方存管"）。由于前者使证券公司可以直接决定客户保证金存款的归属，因此更受证券公司的欢迎，成了香港市场的主流。

商业银行在这种证券公司主导的存管制度下，为获得客户保证金存款充实负债，可能会与证券公司在贷款端协商，给证券公司以相应的优惠，证券公司报给投资者的融资利率便能降低。

同时，由于香港开展孖展业务的机构较多、竞争性较强，整体的融资利率更加市场化。具体来说，香港的证券公司会根据抵押股票的风险水平、流动性等因素来制定不同的融资利率，从不足 4% 到大于 8%，各个点位的利率都存在。综合来看，投资者融资加杠杆的成本要低于内地 A 股市场。

卖空等同于内地沪深两市的融券,指投资者向持牌的金融机构先借入证券卖出,然后到期用自有证券或买入证券偿还的行为。卖空业务1994年1月份开始在港交所上线,发展至今,已经较为完善,日均成交量可达1800亿港元,占股票成交总额的13.38%。

由于卖空业务与孖展业务是同一枚硬币的正反两面,因此港交所在投资者和金融机构的持牌条件规定等方面具有较高的一致性。换言之,一般能够参与孖展业务的金融机构和投资者,也兼具卖空交易的资格。但由于卖空对投资者的风险管理能力和专业性要求较高,因此参与其中的主要是专业投资者、对冲基金等机构客户,个人投资者比例非常小。

在交易和风险控制层面,香港的卖空机制和内地融券存在较大的相似性,主要体现为:

第一,均有限制可卖空证券范围,防止流动性风险。据港交所披露的信息,2019年1月,可卖空的ETF与股票共计930种,主要为金融业、信息科技产业等流动性较好的大蓝筹股票,成交额与市值总额占整个港股市场的90%以上;

第二,均有"卖空提价规则",防止股价下跌时投资者卖空进一步打压价格。在香港,投资者只能以不低于当时最佳卖盘价的价格进行卖空。比如,腾讯在某一时刻的股价是320元,那么投资者的卖空价格只能排在322元,等待其他投资者来扫货;

第三,均禁止"裸卖空"。所谓"裸卖空"是指投资者手中并没有持有该证券,或已办理了卖空或融券业务,向证券公司借贷证券,但该证券并没有交收至投资者账户时,投资者就已经在市场上挂牌卖出。这种现象如果长期膨胀蔓延,会虚增市场上流通证券的供给,影响市场的稳定性。

第四,均设有强制性的担保比例。这是卖空业务与孖展融资业务的不同之处。在香港,卖出股票获得的款项不会交给投资者,投资者反而需要额外交付相当于5％以上股票市值的资金作为担保。

除这四点外,其他方面香港券商的证券卖空业务要比内地更为自由开放。

比如在券源上,证券公司在自身证券存量不够的情况下,可直接向银行、基金等金融机构借贷证券,也可在取得授权的情况下,将客户的证券转借给卖空的投资者,券源非常丰富。因此,尽管香港采取的是"T＋2"的交收制度(即在提出卖空交易的两天后,才能正式获得所需证券),时效性不强,但仍然有着极高的卖空成交规模。

还有在卖空仓位限制上,香港没有明显的约束,而内地要求为单一客户融券规模不能超过证券公司净资本的5％,单一标的股票或融券余量不得超过该股上市可流通市值的25％。

最后,差别尤其明显的是卖空业务费率的制定标准。内地融券费率僵化且高,而香港的卖空费率由券商自主决定,根据借券难易程度、流动性、风险等多因子综合定价。一般而言,热门券会有较高的费率,做空的成本要小于内地A股市场。

通常来说,业内把香港孖展卖空的业务模式称为分散授信模式,表示券商给投资者提供的资金与证券来源于多个金融机构,较为分散,自由度较高,与内地的集中授信模式相对应。

科创板的推出是改革完善两融制度的新机遇

与香港的分散授信模式相比,内地的集中授信模式虽然有利于监管机构掌控并调节投资者融资加杠杆的规模与幅度,防范股票市场出现过热泡沫化的风险，但其本质上是一种计划经济思维的产物，其效率与成本都高于市场化运作的分散授信模式，长久来看不利于进一步扩大融资融券规模、提升资本市场的流动性与有效性。

但短期内，由于内地资本市场的成熟度不够，机构化程度较低，专业性与风险管控能力缺乏，彻底改变传统的集中授信模式、完全模仿香港不切实际。

因此，比较合理的方案是以点带面，以增量改革来攻坚存量，以科创板为试验田，逐步加入更多市场化的元素，来推动两融业务的发展与资本市场建设。

在 2019 年 1 月 30 日推出科创板征求意见稿时，证监会发言人便提出要避免科创板成为"单边市场"，推行建设完善的个股做空机制，允许首日上市交易的股票作为融券标的，在融券标准的设计上与目前的主板 A 股市场进行区分。

作为内地资本市场改革的先锋，科创板既然已经在 IPO 发行方式、上市标准、涨跌幅限制及退市制度等方面做了大胆的尝试，在两融制度设计上，也不应过分"瞻前顾后"。只要保证市场具备较好的融资、激励创新、服务实体等功能，就应该大胆尝试新鲜事物。以科创板作为内地两融制度改革完善的新起点可能正当时。

具体而言，我们有以下几点建议：

第一，在科创板试行分散授信模式，与现有沪深两市融券制度形成融券"双轨制"。

允许证券公司直接向个人投资者、基金、保险公司及企业股东等市场参与者借入证券，扩大及保证融券业务券源供给，负责托管结算的中国证券登记结算有限公司做好监控、限制转融证券划转至证券公司自营证券账户与防止证券公司非法挪用的工作。

建议由监管部门制定以一定比例的券商净资本为转融券限额,确保券商能够偿付得起相应转融券债务。

当涉及证券公司与股东的转融通业务时,在证券公司保障5%以上原有股东所有权不变的前提下,允许其股东在与券商充分协商并签订相关协议后,将其所持有股份作为券商融券的标的,供符合条件的投资者融券使用,盘活限售股份的同时更好地发挥股票市场资源配置的功能。希望在科创板股票交易特别规定中规定限售股可出借给券商并专项专用于融券。

同时,为及时有效地发现并解决运作过程中可能出现的问题,中国证券登记结算有限公司应每天、每周或每月向证金公司与监管机构报送两融业务的数据。

第二,考虑在融资融券业务层面,将客户保证金三方存管模式转为混合存管模式,做适当性激励。

实行混合存管模式的优势在于投资者可自由选择保证金存管方式,具有竞争性,兼具可行性与激励性。

一方面,现在证券公司的客户保证金存管之所以采取的是三方存管模式(即投资者以自身名义在商业银行开设账户,将资金直接存放在商业银行表内,不给证券公司插手的机会),主要是因为21世纪初,市场上出现了较多券商私自挪用客户保证金做庄,扰乱市场秩序、损害投资者利益的现象。

但是,随着证券公司综合治理的完成,内地的证券行业已经发生了翻天覆地的变化,证券公司经营管理已由外部约束逐渐转变为自我约束,合规意识和风控意识都显著增强,将客户保证金主导权交给证券公司已经具备了一定的条件。

而且,因为可以自由选择资金存管模式,证券公司如果出现损害投资者利益的行为，客户会用脚投票，转用其他资金存管模式与券商。因此，在这种模式下，证券公司有加强合规控制、保障客户账户资金安全的自我约束力。

另一方面，由于证券公司获得客户保证金存管主导权，既可以增加存款利息收入，也可增加与商业银行业务往来谈判的筹码，因此，证券公司有较强的动力让更多客户选择非三方存管模式。

为实现这一目的，证券公司可能会在融资融券领域给予投资者费率或其他层面的优惠，进而有效促进两融业务的发展。

第三，融资融券费率市场化、灵活化。具体交由证券公司依据证券的流动性、风险等因素自行决定，或将现有在贷款基准利率上加点定价的模式转为在 Shibor（上海银行间同业拆放利率）或其他市场利率基础上加点定价的模式。监管机构视市场环境，在必要时进行适当的干预。

第四部分

改革深化经济

中国如何进入高收入国家行列

周天勇　东北财经大学中国战略与政策研究中心主任

中国步入 21 世纪第 2 个 10 年以来,内部经济增长遇到持续下行的压力,外部目前又遭遇了贸易战,在这样一种内外挤压的困境中,有不少人对中国未来的发展动摇了信心,对前景产生了怀疑:中国能够跨越相当多国家长期没有跨越的中等收入陷阱吗? 中国未来能进入高收入国家行列吗?

我的结论是:中国还有 10 余年的城市化进程,工业化也应当继续而不应该结束,调节水资源分配和改造未利用土地有很大的回旋余地,而最有强劲动力的经济增长潜能来自城乡土地要素的市场化改革。我们还没有陷入绝境,还有好牌可打,出好这些牌,中国一定能够进入高收入国家行列。

危险的是,人口持续老龄化留给中国跨越中等收入陷阱的时间也就 15 年左右,不坚决推进城乡土地体制彻底改革,解除不了阻碍人口城市化的各种体制障碍,以农民为主要群体的人口收入得不到提高,国内有支付能力的消费需求总是不能扩大,工业化提前结束,错过人口结构还有动力的宝贵的 15 年机遇期(或称窗口期)，那么，结果就是我们未富先老，中国就会永远跌入中等收入陷阱而不能自拔。

继续坚定不移地向市场经济迈进，是中国未来的阳关大道。但是，如果回归计划管理，不积极地扩大发展空间，不在如何科学管理上下功夫，而是发明繁多的、让地方和企业应接不暇的检查督导，搞各种各样的"一刀切"和"运动式"监管，如果不是放开搞活，而是变着法扩大自己的权力、拖延改革，我们将耗掉和错过宝贵的机遇期。

众多发展中国家学习中国发展的经验，转移和利用自己便宜的劳动力，与制造业相结合，生产产品向全球出口，挤压中国的国际市场；而发达国家再工业化，振兴制造业，促使外资和跨国公司回流，不仅较少进口产品，还要向中国市场出口自己的制成品。中国过去出口导向的工业化战略遇到了前堵后追的局面。国内需求不足、生产过剩，经济下行压力较大，形势错综复杂。

我认为，需要精准深化减税、人口与劳动力流动、资金在国有企业与民营企业间分配、土地要素配置等方面的改革；推进市民化的城市化，提高居民，特别是农村居民的收入水平；不放弃制造业，延长工业化；实施调节水资源分配，改造未利用土地，扩大发展空间战略——使中国在 2019 年到 2035 年间，实现国民经济的中高速增长，顺利进入高收入国家行列。

下行压力加大与经济增长预判的模糊

中期内经济下行压力加大：由于 1999 年到 2005 年间，中国人口自然增长率从 8.18‰下降到了 5.89‰，人口向少子化、经济主力人口收缩和老龄化变动。受 20 年前人口增长影响 20 年后经济增长的规律(我也用日本、韩国和中国台湾地区人口增长与20年后经济增长的关系分析验证了此规律)影响,GDP增长率有从2018年的6.6%(包含将研发投入的2.8%调入GDP的部分)下降到2025年的3.12%的压力。

长期内有跨越不了中等收入发展阶段的风险:由于人口增长率从2006年的5.28‰下降到了2015年的4.96‰,2026年到2035年,经济增长率可能在2.66%~2.42%。我们根据高收入国家人均GDP年平均增长率历史数据判断,如果没有强有力的扭转措施,2035年前中国进入不了高收入国家行列是大概率事件。

什么都不做:进入不了高收入国家行列

经济学界和政策研究界就经济发展趋势各有看法,给出了许多不同建议。认识和判断是不是靠谱,所出的招是不是可用,效果会如何,似乎都需要讨论。

从要素的投入产出看,国民经济增长的动力源于劳动力、资金、土地、技术要素的投入、配置和贡献。国内外许多学者和机构大多基于索洛全要素生产率模型(下称索洛模型),对中国过去的经济增长和未来的增长趋势进行了各自的研究,结果和说法不一。

对于国民经济,不采用数理方法而只是进行定性研究,那只能是猜测,决策会心中无数;而有一堆数据,简单套用模型,没有科学适用的数理分析方法,会出现偏差,如果用以决策,也会造成很大的失误。

索洛模型是一个市场经济的模型,它有一系列严格的假定:一个竞争性的市场,要素都要自由流动,都要通过市场交易配置,市场决定价格,要素都有价值表达,生产和供给自动创造消费和需求,不存在长期的生产过剩。这些要求就是市场经济的标准,实际上是一系列市场经济运行和发展的体制安排。

但是,中国是一个从计划经济向市场经济转轨的国家,许多体制还在改革之中,还不满足索洛模型的要求。因而,出现了学者们简单套用数据来分析中国的经济运行和增长的现象,结果误差很大,给中央的政策建议针对不了存在的问题。

对此,我及我的团队也陷入了方法选择上的长时间纠结。后来我们建立了一套符合中国国情的国民经济投入产出和增长的分析方法和逻辑框架。

进入高收入国家行列需精准改革

我们将过去经济学家们对改革红利的定性"猜测"改变成了数量分析,用上述方法就要素投入和配置改善可以释放的未来经济增长潜能进行了估计。

(一)资金要素投入和配置改善可能释放的增长潜能

(1)减税降费:收入在政府支出和企业资本配置改善。

按照发展中国家一般标准值,宏观税负在 GDP 的 18%～25%,体制转型国家在 28%左右。中国目前宏观税负为 36%左右,我们将中国作为发展中国家和转型国家,宏观税负应有水平放宽在 30%,偏差为 GDP 的 6 个百分点以上。用反事实法计算,2017 年高税负的年产出损失为 GDP 的 1.3%左右。

如果按照标准值进行还原改革,需要减税 5.5 万亿元到 6 万亿元。1 年减少,可能性不大。分 3 年,其间每年获得的新增长潜能平均为 0.4 个百分点左右。虽然释放增长潜能的时间短,动能也不大,但是如果不减税降费,企业会大面积关停和减少。

(2)资金国有和民营经济配置改善可能激发的增长潜能。

资金要素目前还没有做到竞争中性分配,特别值得警惕的是,国有银行对民营企业贷款,正在将法律上投资、创业和经营的有限责任,普遍地变成企业家搭上全部家产和"父债子还"的无限追责。国有企业贷款成本低、资金使用效率低、净资产盈利水平不高是客观事实。负债资金和权益资金在国有企业与民营企业之间的资金供给错配造成的损失还是很大的。

目前,国有经济占贷款、债券总额的 60%,我们将这一结构一直到 2035 年按照国有企业 15% 和民营经济 75% 配置变动逐步进行还原改革。2019 年到 2035 年间,这项改革获得的增长潜能按低高方案的不同,年平均在 0.24 到 0.3 个百分点。也可能是我们的计算需要改进,这一效果并不如一些经济学家们猜测的那样好。但如果国有企业不改革,甚至继续"国进民退"下去,将会对出口贡献大且吸纳就业多的民营企业形成挤出态势。

(二)劳动力配置改善可能获得的新增潜能

国内人口迁移、劳动力要素流动和配置,因为户籍限制、教育及医疗资源不均、城镇居住成本高、农村土地不能退出等,与日本、韩国和中国台湾地区同样发展阶段时的城市化水平及农业劳动力就业比例相比较,发生了较大偏差。

我们计算得出：2017 年其造成的产出损失为 55569 亿元，为当年GDP 的 7.0%。如果对人口迁移和劳动力流动等上述有关市场经济条件要素进行体制改革，未来带来的新经济增长潜能为：2019 年到2025 年平均为 0.46%，2026 年到 2030 年平均为 0.20%，2031 年到2035 年平均为 0.002%，且从最后一年开始转为负值。

这一计算结果出乎我们预料。因为有经济学家，包括我在内，以为这一改革会给未来带来年平均 1 到 2 个百分点的增长潜能。

其不一样的深层次原因，一是未来由于经济主力人口的收缩，将大幅度抵消劳动力配置改善的增长潜能；二是人口和劳动力配置还原改革，是一个逐年释放的过程，不可能在短短数年内就到位。虽然增长潜能不大，但如果不进行改革，没有劳动力配置改善获得的增长潜能支撑，增长下行的压力会更大。分析到这里，我们发现不容乐观的未来是：累积估算减税降费、迁移户籍、新市民教育和医疗、城镇住房、农村土地退出，国有企业等三大体制改革，其释放的增长潜能，加上上述 20 年前人口影响 20 年后的经济增长速度基数，并没有使中国在2035 年前进入高收入国家行列的概率显著地加大。

（三）土地配置体制改革的增长潜能最大

由于对土地进行交易管制，土地的稀缺性、外部经济溢值性、投入积累性和非折旧性等经济特征，或者价值不能表达，或者表达不完全和不充分。

农村各类土地不允许交易时，土地要素的所有者或者实际占有使用者，不能通过交易实现其财产性收入。农村的一二三产业几乎都要以地为基础来发展。然而，农村土地只是生活和生产资料，社会和信贷资金不能进入,农民不能以土地为资本进行创业,也无法获得创业收入。

如果每年城乡仅有 0.5％的土地交易,但由于不让交易或者不能够交易,损失的收入为 31170 亿元,为 2017 年 GDP 的 3.88％。假定改革开放以来至 2017 年,现有农村已经有 10％的土地资产投入资本,城镇一些利用率不高的土地资本化率为 1％,但是因为体制所限而没有被利用,其以地为本创业,或者资本再投入方面的产出损失为 48840 亿元,为 GDP 的 6.15％。如果城乡土地按照要素由市场交易决定其配置、有价值表达、能够资本化,2019 年至 2035 年间,其释放的年平均增长潜能,低方案为近 1.4 个百分点,高方案为 2.3 个百分点,而且增长潜能为动态递增。

城乡土地体制改革获得的增长潜能,按低高不同方案,分别为上述改革获得增长总潜能的 71.49％和 78.98％。这给中国在 2035 年前,通过改革支撑和保持国民经济中高速增长跨越中等收入发展阶段,带来了希望和信心。

深化城乡土地体制改革,会促使货币流入新流域,降低各方面负债率,形成更多良性资产,稳定货币金融体系,提振国民经济长期的利好预期。目前城乡存量土地由于交易被管制,不能资本化,资金要素与土地要素不能优化组合,货币无法流入农村和农业,也不能流入城镇一些可交易划拨的低价但闲置的土地。从现在的货币投放看,工业由于有支付能力的消费需求不足、生产过剩,货币投不进去;城镇房地产因行政寡头垄断市场、行政限购限价、没有开征房地产税,一放则涨,货币大量地流入,形成泡沫;地方政府和一些企业因过去负债率太高,借新还旧,资金体系自己循环,创造了利息 GDP 泡沫。

那么,能不能换一种思路缓解上述问题? 我认为:

第一，利用土地资产疏通货币投放和流动。加快土地要素市场化改革，让货币流入基本没有价格和低价的农村的 470 万亿元土地、城镇的 150 万亿元土地，以及未来调水改土新增的价值 200 多万亿元的土地，让土地生活和生产资料变成资产和不动产。农民在土地上获得财产性收入和以地为本的创业收入，去购买工业品，货币就可以通过消费及有需求后工业投资的增加，流入工业领域。

第二，降低国民经济负债率。将无价值的土地和价值很低的土地，变成有合理价值的资产，让城乡居民有更多的不动产财富，可以整体上降低居民部门的负债率；银行抵押资产中增加许多有合理价值、可市场交易的土地资产，其贷款的质量会提高，不良资产的比例也会下降；一些国有企业，尤其是铁路总公司，对其无偿划拨和低价供给的土地，如果能够交易，折价入资产，改革它们的资本结构，其资产负债率就会大大降低，并且这部分闲置和低利用资产由于可交易、可抵押，会增强其流动性。

第三，提振中国经济信心。如果宣布农村和城镇土地产权、年期和市场交易等方面的体制改革，未来有 800 多万亿元原来没有价值的土地会变成资产，这将是中国货币价值稳定的一个基础。许多在国外购置土地、住宅和建厂的个人和企业投资者，将投资国内，一些境外资金也会流向中国，大大减弱人民币外流的意愿，增强外资流入中国的激励，使人民币币值坚挺和稳定。

居民收入：生产与消费循环和平衡的极端重要性

索洛模型一个非常重要的假定条件是：市场可以通过要素投入和退出，通过不断地出清，供给自动创造需求。如果生产过剩，经济必然衰退,增长速度趋于下行。

　　然而,我们从三个大的方面干扰了居民收入的正常增长。首先,由于计划生育持续时间太长、力度太大,经济主力人口收缩,应有而没有的人口最保守估计为 3 亿人左右,其中缺少劳动年龄人口造成的居民收入损失在 2017 年为 72658 亿元,占 GDP 的 9.15%;其次,由于户籍等体制的阻碍,市民化的城市人口应当为 97305.6 万人,应有而没有的居民收入为 79629 亿元,为当年 GDP 的 10.03%;最后,因限制农村土地交易和以地为本创业而损失的居民收入为 56853 亿元,占当年 GDP 的 7.16%。现在一些机构按照资金流量表计算,居民收入占 GDP 比例近 61%,这显然误差太大,不可信。按照 2017 年统计公报人均可支配收入乘以总人口,居民总收入只占 GDP 的 43.65%,这与我们同样发展水平的国家居民收入一般占 GDP 的 60% 相比,偏差近 16 个百分点。

　　如果没有对人口增长、人口市民化的城市化、农民土地财产和创业收入三个方面的干预和扭曲,居民收入占 GDP 比例应当在 68.94%,即使不考虑人口因素,居民收入占 GDP 比例也应该在 60.14%。从 2017 年国民收入的部门结构看,居民、企业和政府收入在 GDP 中所占比重之比为 44∶20∶36。国民收入部门结构和 GDP 部门结构大体一致。其中,收入分配中政府、金融行业分配过多;生产结构中资本装备、基础设施(交通、城市建设等)占比过高。

　　我们按照上述居民收入损失,以支出法计算和还原 2017 年居民有支付能力的消费需求,所得为 162554 亿元。2017 年居民人均消费支出乘以人口总数得出,消费规模只占 GDP 的 30%,比同样发展水平的国家一般 50% 的比例低了 20 个百分点。

　　通过人口迁移和劳动力流动,以及土地要素配置等体制改革,较快地提高居民的收入，进而增强他们的消费能力，即还原一定发展水平上，市场经济中居民收入和居民消费占 GDP 的合理比例。至 2035 年，将居民收入占 GDP 比例逐年还原提高到 65％，居民消费占 GDP 比例逐步还原提高到 50％。

目前农业就业比例为 27％左右，与处于同样发展阶段的国家 12％左右的比例相差了 15 个百分点；农业和非农业劳动生产率之比为 1∶4.14，农村居民、城镇非户籍居民、城镇户籍居民人均可支配收入之比为 1∶1.83∶3.06，城乡居民财产性收入和拥有财富之比更大，我们估计的比率分别为 1∶12 和 1∶18。

在这样的数据格局中，当年日本、韩国和中国台湾地区正处于人口迁移、劳动力流动、城市化、工业化和经济高速增长的进程中，人口和劳动力流动的压力差很大。2017 年人均可支配收入为 13432 元的农村居民有 5.7 亿人，人均可支配收入为 24600 元的城镇非户籍居民（大部分是从农村进城的农民工和小工商业者）有 2.3 亿人，这 8 亿人中低收入人口占到总人口的 57.6％。从这些数据看，城市化和工业化并没有完成，还有至少 10 余年的时间。

在这个过程中，如果推进市民化的城市化、提高居民收入，结构上政府收入增长要慢于 GDP 增长，居民收入增长要快于 GDP 增长 1.8 个百分点，2019 年到 2035 年间，前 10 年居民收入倍增，17 年中居民收入应当翻一番半。在此期间，计算的低和高两种方案的 GDP 年均增长速度分别为 4.97％和 5.99％，而同期居民收入的低和高方案，年均分别应当增长 7.14％和 8.17％，才能分别将居民收入还原到占 GDP65％和 50％的标准。值得注意的是，如果分配方面，还是坚持居民收入与 GDP 同步增长，居民收入和消费占 GDP 比例过低的偏差永远也扭转不了，产能过剩问题也不可能从根本上得到解决。

未来 17 年,中国出口会遇到来自发展中国家出口导向和发达国家再工业化双向的激烈竞争和挤压。扩大国内消费需求,2019 年到 2035 年间居民消费规模低方案为从 31.17 万亿元扩大到 100.41 万亿元,高方案为从 31.43 万亿元扩大到 118.40 万亿元,这样可能逐步从根本上平衡产能过剩,改变总供给大于总需求的局面,并且消化一部分关税降低后国外扩大的产品进口,保证未来 17 年中有一个宽松的国内消费需求环境和条件,实现国民经济的中高速增长。

一些可能有误的提法和商榷

21 世纪的第 2 个 10 年中,经济学界和经济政策研究界就中国未来经济发展提出了许多对策,各有所述,观点不同。其中一些如果进入战略、定之于规划和施之于行动,可能有误。这里提出我的看法和建议。

一是国内一些学者提出,未来经济中低速增长是常态,不应当再强调 GDP 跨越式增长;国外一些学者,如美国经济学家斯蒂格利茨也向中国提议,不要将 GDP 增长看得太重。这可能有误。因为:

(1)20 世纪 80 年代末中国也遇到了外部的经济制裁和内部的经济下行,主流的经济学家们几乎一致主张,并向中央提出中国经济增长速度宜为 5%。后来邓小平同志没有听取此建议,而是提出"发展才是硬道理",将目标放在了高速发展上。

(2)经济增长速度下行压力虽然很大,但是中国还有中高速增长的余地,关键是改革和选取正确的发展战略。

(3)美国这样人均 GDP6.2 万元美元的国家,还在强调经济增长速度,中国人均 GDP 不到 9000 美元,GDP 增长如果没有赶超,就跨越不了中等收入发展阶段。正确的提法可能是，发展是硬道理不动摇，尽可能释放经济增长的潜能，跨越式增长没有错，速度要支撑得住和快一些，同时提高效益和质量，并且追求居民收入、家庭财富和大众消费占 GDP 的比重增大。

二是国内一些学者提出，工业化已经趋于结束，要去工业化。这是错误的。从中国农村居民、城镇非户籍居民的收入水平和人群规模，农业就业比例，农业劳动生产率与非农业劳动生产率比较，中国人均 GDP 水平等方面看，8 亿左右中国人的工业社会物质需要还没有得到满足，农业劳动力向非农业转移的压力还很大。中国还应该有15 年以上国民经济中高速增长的工业化时间。中国仍然处在工业化的发展阶段。

三是国内一些学者提出，中国经济结构升级要服务业化，未来支撑经济中高速增长的新潜能应当来自于服务业的比重越来越大。这种看法可能是错误的。美国经济学家鲍莫尔曾经进行了一项研究，发现了一个趋势，就是一个国家的经济结构服务业比例向 60% 左右变动时，经济增长速度从高速下行到中速，甚至下行到低速。

工业生产的特点是大规模、专业化和标准化，劳动生产率较高；而服务业则大多是小规模、个性化和非标准化，劳动生产率较低。举例说，1 个工厂可以一天生产 1 万部手机，但无法在一个地点、在一天之内为 1 万个人理发。因此，服务业过于快速升级，稳不住制造业，并不是国民经济的利好，很可能会使增长速度快速下行。

四是国内一些学者提出，对于经济增长速度下行，可以用技术进步、人工智能和产业创新，获得新的增长潜能，支撑国民经济实现新的一波中高速增长。这可能会有误。加大基础科学投入，推动技术进步，培育颠覆性技术群，实现新一轮产业革命，升级中国产业、增强国际竞争力和获得新增长潜能,是不得不推进的重大战略。

但什么时候新一轮产业革命会爆发,并会突然发力,推动国民经济实现一波高速增长,有着很大的不确定性。谁也不可能分析出哪一个时间点会实现国民经济增长从下行转变为上行。如 1980 年后,日本技术发明和产业创新的步子不能说不大,但也没有将日本的国民经济从中低速增长扭转为中高速增长。

如果新一轮的人工智能替代更多劳动力,则会造成大量具备原有知识结构的劳动力失去就业机会,并且财富越来越由资本和技术创造,工资性收入相对减少,会发生更严重的生产过剩和经济衰退。因此,技术进步和产业创新万万放松不得,否则增长速度下行的压力会更大。因产业革命新增长潜能什么时候爆发有太大的不确定性,制定国民经济发展规划、加快经济增长速度的宝,万万不能押在技术进步和产业创新上。

五是美国前总统里根在美国供给侧结构性改革中做了两件事,一是减税,二是通过《拜杜法案》促进技术进步。英国也做了两件事,就是减税和降低国有经济比重。

英美当时的情况与中国不一样的是,它们居民收入消费占 GDP 比例,要比我们现在高。我们经历着一个出口拉动 GDP 增长力量下降的过程。因此,人口收缩、迁移受阻和土地财产及以地为本创业收入不足,使国内居民收入和消费占 GDP 比例过低,虽然表现为生产过剩,深层原因则是居民有支付能力的消费需求不足。如果不解决这一关键性问题,产能过剩就会常态化。而且,这几年去产能和环保督导压缩了民营企业的生存空间,提高了下游竞争性企业的成本,不公平地增加了上游国有企业的利润,导致了一定程度的"国进民退"。

正确的方略可能应当是:供给侧改革的重心是减税费;不是行政

性压产，而是市场竞争中性、公平地发放贷款和发行企业债，让过剩产能以破产、重整等形式实现退出；供给侧改革与增加居民收入、扩大有支付能力的消费需求双向推进。

除了改革，还需要选择和规划中国经济发展战略。

未来国内经济发展面临的人口变动、发展阶段、回旋余地等条件，国际经济格局的变动趋势，是制定战略的依据；实现"两个一百年"的宏伟发展目标，支撑住增长速度和尽可能加快发展，需要寻找关键、重点、有牵动性的重大战略举措；各个方面的重大行动方案，需要横向的战略配合和纵向的战略衔接。

需要老老实实完成城市化和工业化，重点推进市民化的城市化进程。从世界经济发展史看，城市化水平 70% 或 75% 的国家就能进入高收入门槛，达到发达水平的国家数量极少。中国城市化进程只完成了三分之二。在目前建成区和建筑物城市化超前和基本完成的情况下，未来应着重推进人口和市民化的城市化。

应当彻底废除城乡和地域户籍管制，使已经长期在城镇居住和就业的、数以亿计的非城镇户籍人口，更多进城的农民务工人口，能够进得来、留得下、变成市民；让更多的农村劳动力离开就业机会少和收入水平低的农村，到就业机会多和收入水平高的城市中去；向新进入城市的人口提供公平和均等的教育、医疗公共服务；降低城市房价，控制租金上涨，提供廉租房，多种形式建设住宅。到 2035 年时，城市人口增加到 11.62 亿人，完成中国城市文明的现代化。

工业化克服低收入居民增收难，助力走完工业化路程。工业化是一个国家从经济落后向发达经济体迈进必经的过程。2018 年，农村 5.7 亿居民人均可支配收入只有 14617 元，城镇非户籍 2.59 亿居民人均可支配收入只有 26300 元左右，从各项指标看，8 亿多居民工业化时代的需求还没有满足。如果这8亿多人有能力购买中高水平的工业品,就不可能发生工业产能过剩的状况。中国国民经济还没有到经济服务业化的后工业时代,仍然需要通过提高居民收入来增强居民支付能力,在2035年左右,不要舍基础而建楼阁,不是放弃和结束,而是要脚踏实地完成中国基本的工业化进程。

我们对照市场经济的标准,考虑GDP在政府与企业支出和资本间分配、人口迁移和劳动力流动、土地要素配置方式、资金要素国有与民营间的供给等方面进行体制改革,并实施市民化的城市化和延长工业化的战略,观察其带来的新增长潜能,居民收入和消费改善带来市场需求环境的变化,从而估计2019年到2035年,改革能够推动国民经济中高速增长和中国进入高收入国家行列的趋势。按低方案,我们可在2029年左右跨越中等收入陷阱;按高方案,则可以在2035年进入高收入国家行列。

如果考虑老龄化趋势,再加上疏通城乡人口之间的循环和流动,为加大中国经济发展的回旋余地,我们还考虑了一个调节水资源分配、改造未利用土地和扩大发展空间的战略。其意义在于,在建设期扩大投资需求,在建成后增加可利用土地,增加国家、企业和居民新的资产和财富,在新土地上可以建设农场、工厂、交通、城市和农村新社区等,形成新的产业和市场区域。对国民经济增长,会有其他单一投资建设项目无法比拟的关联性强、综合方面多、各环节接续、乘数性放大、发挥功能久远等推动作用。

中国是一个水利弱国。截至2017年,美国人口不到中国的1/4,国土面积与中国相当,调水规模300亿立方米,人均调水94立方米;印度13.4亿人口,国土面积不到中国的1/3,调水规模1386亿立方米,人均调水103立方米,每平方公里调水4.7立方米;加拿大不到

3700万人，人口为中国的2.6％，调水1390亿立方米，人均调水规模3757立方米，每平方公里调水1.4立方米。而中国调水只有337亿立方米，人均调水规模只有24立方米，每平方公里调水0.35立方米。

在目前已经建成337亿立方米调水规模的基础上，再建设和形成750亿立方米左右的调水规模，使中国未来总调水规模达到1100亿立方米左右。在北部新经济带调水改土，增加耕地、园地、林地、建设和生态用地，扩大中华民族生存和发展的可利用国土空间，迁移人口，加快市民化的城市化，转移农业劳动力，提高农业劳动生产率。

到2035年，农业劳动力就业比例从2018年的26.5％下降到3.55％；农业劳动力人耕地面积从2018年的9.9亩提高到2035年的128.6亩；非农业与农业劳动生产率比从2018年的4.27∶1降低到1.8∶1。

从土地财富和资产看，增加土地资产总价值将为175万亿元到232.5万亿元，如果调水改土从2019年开始，到2035年结束，17年中，平均每年可增加10.29万亿元到13.68万亿元的土地财富。按照调水改土低方案和高方案分别可以获得的经济增长潜能为1.11和1.48个百分点。这对于上述市场化改革、市民化的城市化及延长工业化，又是一个保证性举措，从而使我们能够万无一失地完成第一个百年发展目标，实现经济社会的初步现代化。

建言"十四五"规划：合理目标与全方位创新

徐林 中美绿色基金董事长

合理确定增长预期

（一）从供给侧宏观增长模型看趋势

按照新古典增长模型的描述，经济增速是由技术进步增速、资本投入增速和劳动力投入增速共同决定的。

从中国目前的趋势来看，中国老龄化程度日益提高，60 岁以上人口占总人口的比例已经接近 18％，65 岁以上人口占总人口的比例接近 15％。在上海等超大城市，人口老龄化程度已经达到 30％以上。由于受到一对夫妇只生一个孩子的计划生育政策的集中影响，这一比例还在快速上升。预计到 2025 年，中国 60 岁以上人口占总人口的比例将达到 20％以上，65 岁以上人口占总人口的比例将接近 18％。

老龄化程度不断提高的直接后果是储蓄率逐渐下降。实际上，中国总储蓄率过去几年已经由51%左右下降到了48%左右，虽然与世界其他国家相比仍属较高之列，但下降速度比较明显。按照国际货币基金组织的预测，到2025年，中国的总体储蓄率会进一步下降至40%左右。储蓄资源增速下降，加之资本产出率增速也在下降(清华大学白重恩教授的研究表明，中国资本产出率增速由2008年前30年的年均3.94%下降到了2008年后的年均0.62%)，使中国固定资产投资增速逐渐下降，由过去较长时间的两位数下降到6%左右的个位数。

从劳动力供给看，老龄化毫无疑问会降低劳动力供给增速。实际上，过去几年中国劳动年龄人口(15~60岁)平均每年净减少200万~300万人。劳动力供求关系发生明显变化，使得中国过去10年劳动力成本年均提高约12%，迫使不少劳动力密集型加工制造业退出或转移到劳动力成本更低的国家和地区。不仅如此，中国劳动生产率增速也开始下降，由过去10年年均增长9%左右下降到过去5年年均增长5%左右。白重恩教授的研究表明，中国技术进步率(全要素生产率)增速由2008年前30年的年均6.24%下降为2008年后的年均3.18%。

(二)从供给侧部门模型看趋势

从增长的供给侧部门模型看，GDP是由各部门国内生产增加值加上净出口构成的。各部门增加值的增速及其权重共同决定了GDP的增速。从不同产业门类变动看，考虑到制造业普遍存在的产能过剩问题并未真正得到解决，制造业传统部门和农业生产增速会比较稳定,甚至有所下降。在制造业众多门类中,过去 5 年实现两位数以上年均增速的只有医药制造业、汽车制造业、计算机和通信类电子产品制造业、废弃资源综合利用和金属制品制造业、机械和设备修理业。与互联网、大数据等创新应用相关的新兴部门或新经济部门增速也相对较快,甚至超过两位数,但是,由于对同一领域的传统部门具有替代性,这些门类的增速未必会对整体行业增速产生实质性提升。服务业表现出高于制造业和农业的增速,特别是服务业中文化娱乐、信息服务、体育健康等部门增加值增速超过两位数,增长的收入弹性很大,具有持续稳定的扩张性,这与居民消费结构中服务消费比重提高的升级趋势是一致的。

(三)从需求侧宏观模型看趋势

经济学教科书描述的宏观模型十分简单,GDP＝C＋I＋G＋(X－M),其中 C 为消费,I 为投资,G 为政府购买,X 为出口,M 为进口。这说明支撑 GDP 增速的是所谓"三驾马车"——消费、投资和净出口的增速。从目前态势看,中国国内消费增速逐年下降,已经由过去10％以上的两位数下降到 8％左右的个位数。固定资产投资增速也由高点期的 30％左右下降至如今的 6％左右。由于投资收益总体上趋于下降,市场投资增速难以出现新动力。净出口因贸易环境和贸易条件恶化,面临越来越大的不确定性,总体呈下降趋势,再加上世界经济在未来几年仍有较大概率出现周期性回落,恐难有大的作为。制造业的逐渐收缩会逐步蔓延至服务业领域,从而导致就业增速的进一步下降,失业人数可能会有所增加,从而使居民对收入的预期下降,进而使消费变得更加谨慎保守。因此,未来支撑经济增长的需求动力似乎也在进入弱化通道。

综合上述多重因素、相关约束条件及其变动趋势，我们得出的基本推论是：未来一段时间，中国经济的潜在增长率具有下降趋势。

我们假定劳动参与率和劳动生产率增速基本稳定，综合考虑中国劳动力和资本投入的变动趋势，未来5～10年中国经济潜在增长率会下降至5%～6%的区间内，这意味着我们需要客观接受在未来10年里，中国经济只能取得6%以下的年均增速。因此，在研究设定"十四五"增长预期目标时，不妨把5%～6%的预期增长区间作为分析判断的重要参考。

国家五年规划预期增长目标的设定是否合理，对各地设定五年规划预期目标具有重大导向性影响。从过去的经验看，国家过高的预期目标一般会使各级地方规划预期目标跟随性加码，最终会因整体目标过高导致在实施过程中采取不必要的刺激性政策，产生杠杆攀升、违约增多、产能过剩、泡沫加大等副产品，对此不可掉以轻心。

稳定经济中长期增速的主要出路和举措

既然未来潜在增长率已经落入5%～6%的区间，如何更多向6%靠近，稳定并延长经济增长平台期，是制定新的五年规划时需要认真考虑的政策和改革重点。从中国目前的基础条件看，中国有较大空间通过体制机制创新和科技创新，实现更长时间经济的稳定增长，并通过更好的创新激励，延缓由要素红利逐步减弱、外部环境更加恶化导致的降速压力。

（一）以全方位创新为核心深化供给侧结构性改革

供给侧结构性改革是"十三五"规划明确的发展主线,这一任务不可能在五年内完成历史使命,需要在"十四五"期间继续深入推进。应该在以下几个领域采取措施,深度发力。

第一,努力稳定劳动力供求关系。

化解劳动年龄人口减少问题的主要做法包括:(1)延长退休年龄至 65 岁。这是很多国家应对人口老龄化、减轻社保支出压力的通行做法,中国也到了采取类似做法的时候。(2)让进城农民工和城市间流动就业人口落户。中国有 2.7 亿左右在各类城市就业的农业转移人口,近 1 亿在城市间流动就业的城镇人口,他们大多数人没有就业所在地户口,农业转移人口一般在男 50 岁、女 40 岁左右就离开工作岗位,回到老家,逐渐退出劳动力队伍,如果能让这批人获得就业所在地户口,一般能将其劳动年限延长 5 到 10 年,可以有效增加城市的劳动力供给。(3)让体制内退休官员和科技人员更好地发挥作用。中国现行制度对退休官员特别是高级退休官员再就业有严格的限定,不允许他们退休后被企业等有关机构有偿聘用,这导致很多有很强专业能力和丰富经验的政府精英人才,包括部分体制内高级科研人才被闲置浪费,这些措施从反腐角度看似乎有合理性,但是,制度设计过于粗暴简单,如果对相关制度加以细化完善,允许他们在符合一定条件的情况下被企业或相关机构有偿聘用,而不是"一刀切"地禁止,完全可以增加中国的高素质劳动力供给。(4)在一对夫妇可以生两个孩子政策的基础上,尽快实施自主生育政策,必要时视情况采取措施鼓励年轻人多生育,以扭转人口快速老龄化带来的国家人口结构失衡问题。

第二，提高劳动力素质和质量。

应对劳动力数量减少的另一个有效措施是提高劳动力素质，以质量提高弥补数量不足。这需要强化实用型技术教育和培训投入，为更多劳动力免费提供更高质量的技术培训和技术教育，通过更专业的技术培训解决结构性就业难题。应该给予学校更大的办学自主权，让大学教育能够针对产业发展和结构调整的需要，有针对性地提供技术员工教育和培训服务，并强化专业课程设置与市场需求的对接，缓解高校毕业生结构性失业导致的人才浪费。要全面提倡专业精神，减少教育的功利性，真正培养个人专业兴趣，形成"行行出状元"的能人文化，提高各领域专业人员、技术工人的社会待遇和认可度，提高新型职业农民的社会认可度，使不同专业技术岗位的专家和工人都能成为更受尊敬和尊重的职业人士。

第三，强化全方位科学技术创新。

以研发投入规模和专利申请数量看，中国算得上是一个研发大国，也是一个产业体系门类齐全的大国，但是，从质量和核心竞争力来说，中国还远不是强国。从创新效果看，中国虽然专利数量名列前茅，但科技成果转化率大致只有10％左右，远远低于发达国家40％左右的平均水平。从产业体系看，中国很多产品和服务在品质上不能满足消费升级和消费多样性、精细化的需求，很多领域不具备与国外先进技术、产品和服务竞争的能力，一些高端产品和核心技术还完全不能自主研发并生产，必须高度依赖进口。在自由贸易环境下，通过互通有无和比较优势形成全球产业分工体系和产业链，这原本不是问题，况且中国还是一个贸易顺差国。但不幸的是，中国还面临以美国为首的发达国家以国家安全保障、意识形态差异、制度体制差异、获得竞争优势等为借口的高技术封锁和禁运，且由美国主导的技术禁运还在进一步强化。在外部压力遏制下,任何对全球化产业链和技术链抱有期待和幻想的技术和产业政策都不容易被接受。中国还不得不在关键领域继续采取以进口替代为目标的产业政策,加强核心技术和产品的国内研发和进口替代,以摆脱对进口产品和技术的严重依赖。

鉴于科技创新和创新驱动发展是供给侧结构性改革的重中之重,需要进一步完善创新激励体系,强化政府对基础研究的支持力度,鼓励企业将更多资源用于研究开发,加强知识产权保护和知识产权激励,形成更加开放包容的创新环境。与此同时,中国依然需要加强产业技术研发和创新领域的国际合作,更好地利用国际上最优秀的研发资源,形成更具激励性的产业技术创新和研发环境,以及推进研发成果商业化的天使投资、创业投资和股权投资环境。

第四,深度推进全面对外开放。

过去中国的高速增长得益于对外开放,未来的发展依然离不开对外开放。但是,今后的外部国际环境可能会给中国带来诸多挑战,这些新挑战可能要求我们的对外开放不能仅限于货物与服务市场的扩大开放和准入,可能还涉及体制机制与国际接轨。这是因为更开放的中国经济需要中国企业更多地参与国际市场竞争和贸易投资往来,这涉及不同国家企业基于规则的公平竞争和对参与主体法律保护的一致性,这可能会颠覆我们过去一些传统的习惯思维。

比如,我们过去常说制定产业政策是一国主权,不容别人说三道四。这听起来合理的论断在新环境下可能恰恰是不尊重国际规则的表现,因为一国在使用产业政策工具时,所使用的政策手段特别是政府补贴等手段,极可能违反世界贸易组织反补贴协议,使受补贴的企业相对于不接受类似补贴的企业形成不公平的贸易竞争优势。所以,在一个开放环境下,如果尊重国际规则,任何一个国家都有权基于国际规则对他国可能扭曲贸易的国内政策说三道四。

因此，从产业政策角度看，出于对国际规则的尊重和提高政策手段实际成效的考虑，中国需要更好地发挥竞争机制对市场主体的激励作用，而不是简单利用政府补贴予以支持。在服务领域，要进一步扩大服务业对外开放，通过对国外先进和高品质服务模式的引进，促进国内服务业市场的高水平竞争，通过竞争尽快提高国内服务业的服务品质和服务能力。

在城市开放发展方面，中国需要加快沿海城市群和重要都市圈的全方位开放，特别是改善一线城市和准一线城市的国际化营商环境，以更好吸引国外创新性资源和高品质企业参与中国城市的发展，培育形成几个真正意义上的国际化大都市。

第五，优化能源结构并强化节能。

能源是现代经济增长发动机的燃料，能源革命和创新对中国的安全发展和可持续发展来说至关重要。中国是一个能源消费大国，但是，能源资源的人均自然资源禀赋明显不足。目前，中国人均能源消费为 3 吨标准煤左右，与美国人均 11 吨标准煤、俄罗斯人均 13 吨标准煤的水平有很大差距，只相当于能源利用效率最高的日本和德国人均消费水平的一半。

随着居民人均收入水平的提高，我国居民的消费行为会进一步向发达国家居民消费行为趋同，人均能源消费水平也会趋同。中国不能向美国和俄罗斯趋同，但即便是向日本和德国趋同，中国人均能源消费还将提高约 1 倍，而前提是达到日本和德国的能效水平。这也意味着中国能源消费总量最终会在现有基础上翻一番，这将给中国带来能源安全和减排方面的双重挑战和压力。2018 年，中国原油进口46190.1 万吨，总金额 15881.7 亿元人民币；天然气进口 9039 万吨，总金额2551.8亿元人民币。石油对外依存度已经超过70%，天然气对外依存度已经接近45%，而且还在进一步上升。

相对于粮食安全而言，中国的能源安全更具有风险敞口的特点。解决能源问题和挑战的出路只有两条：一是全方位加大节能力度，特别是在建筑领域和制造领域加大节能力度，用更有效的激励机制鼓励各类主体加大节能技术的开发和推广应用，进一步提高国家整体能效水平。二是优化能源结构，重点提高清洁能源比重，特别是要加快推动电气化和电动化，减轻对原油和天然气持续加重的进口依赖，降低进口依存度。这是因为中国在风能、太阳能、核能发电方面，还有较大空间通过技术创新和开发模式创新增强电力供给能力，这一替代不仅是绿色低碳的，还具有降低能源对外依存度、提高能源自主安全保障能力的长远战略意义。

第六，深化市场化和法治化改革。

这是供给侧结构性改革最核心、最关键、最复杂的内容。

(1)更好依法保护各类产权特别是私有产权。中国民营经济占比已经远远超过一半，民营经济对就业、创新的贡献日益显著，贡献率达到了70%左右。经济发展进入创新驱动阶段后，民营经济和企业家的作用将变得更加重要，通过加强产权保护和产权激励，可以稳定私营部门企业家的长期预期，更好激励民营企业和研发人员投入创新、投资未来，立足实体经济，为资本市场造就更多面向未来、创新驱动、依法经营、更具创新动力和竞争力的百年老店。

(2)要创新性化解主流意识形态与经济基础之间的结构性矛盾。中国经济基础中的民营比重还在提高，资本市场特别是股票市场发行主体有越来越多的民营企业，但是，有些人对主流意识形态的理解依然是传统的最终要"革资本家的命"，这使得部分民营企业家缺乏足够的安全感和对未来的信心。越来越多民营企业选择在海外上市，或在国内上市后变现部分资产并将其转移出境，就是担忧的一种表现。"三个代表"重要思想在一定程度上化解了部分民营企业家的顾虑，缓解了主流意识形态与经济基础之间的结构性矛盾，但并未从根本上化解这个矛盾。对这一结构性矛盾，需要进一步予以重视并实事求是、创新性地加以探索和解决。这是一个十分敏感但又不容忽视、无法回避的历史性话题，值得立足长远、认真研究，找到可行的根本出路，否则中国资本市场的微观基础是不稳固的，以资本市场作为资源配置场所的资产也是不安全的。

(3)强化统一市场制度建设，扫除妨碍全国统一市场内要素自由流动、企业公平竞争的任何不合理规定和做法，规范地方政府补贴招商引资的不合理竞争行为，废除各类地方政府实施的地方保护和区域分割行为，使中国具备的大国经济统一大市场优势得到更充分发挥。

(4)依法行使政府治理和管制，减少政府决策、监管和管制过程中的不透明性和随意性，减少政府对微观主体市场经营行为的随意干预，降低制度性交易成本，真正改善基于规则和法治的可预见的政府监管，促进形成更加便利可靠的营商环境。

（二）如何更有效促进内外需增长

从需求侧提高内外需对增长的贡献度，发力点不见得就在需求侧，也不在于简单增加消费补贴和扩大政府支出，很多功夫实际上在供给侧，与供给侧的改革、开放、创新密切相关。

第一，基于就业和收入预期稳定的内需扩大。

国内需求总体上是就业和收入的函数。促进国内消费需求稳定增长的根本措施是保持就业的持续稳定增长,而稳就业的根本措施在于在制度上"放水养鱼",养活更多的企业。这需要不断改善企业经营环境和创业就业环境,特别是城市中小企业和个体工商户的发展环境。在中国,尤其要注重发挥超大城市和特大城市的规模经济带来的创业和就业效应,一些城市试图通过"赶人"的做法来控制城市规模,实际上扼杀的是城市内生的就业和创业机会。

从企业税费负担来看,在前期降低企业税负的基础上,还可以进一步降低企业社保和公积金负担,并通过更多划拨国有资本经营收入增加社会保障资金来源,以更好地通过稳定就业、优化保障来稳定居民收入预期,减少居民扩大消费需求的后顾之忧。

从长远财税制度建设和财税制度国际竞争角度看,应该进一步深化财税体制改革,完善税收结构,使以间接税为主的税收结构逐步向以直接税为主的税收结构过渡,使企业税费负担具有国际竞争力。为了使降税具有可持续性并不对政府民生支出形成挤压,需要进一步优化并精简政府支出项目,削减不必要的政府支出,特别是削减那些锦上添花的政府支出项目、面子工程和政府自身的行政管理开支,逐步降低预算内经济建设支出比例,提高民生福利支出的比例,政府要带头勒紧裤带过紧日子。

第二,基于深度城市化的城乡融合发展。

中国较大的城乡收入和福利差距、明显的农业与非农产业劳动生产率差距,依然是城市化的根本动力。从国际国内经验看,城乡居民收入差距小于2倍后,城市化动力才会减弱并趋于稳定。目前,中国城乡收入差距还在2.7倍左右,落后地区城市人均收入与发达地区城市人均收入的差距更大,城乡公共服务和社会福利差距还十分明显,这说明中国还远未到逆城市化的阶段,需要继续消除进一步城市化的体制障碍，为城市化的自然发展创造条件。

以人为核心推进深度城市化本质上属于供给侧改革和创新的内容，有利于缩小城乡收入差距和公共服务差距，还具有扩大国内需求的积极效应。中国现有统计制度下的城市化水平并不能真实反映城市化实际水平，很多城市常住人口并非真正意义上的城市居民。应该采取措施允许2.7亿进城农民工和近1亿城市间流动就业的城镇人口获得就业居住所在地户籍并享受均等化公共服务。政府相应调整财政支出结构，将支出更多用于进城落户人口的城市保障房建设和公共服务上，这有利于稳定预期、扩大消费支出、形成政府支出与消费需求持续稳定增长之间的良性循环，对经济持续增长的正面效应要强于简单增加基础设施投资支出对经济发展的正面效应，对社会结构的改善和公平正义的维护也具有积极作用。

考虑到更多的创业机会和服务业就业机会都在城市，特别是特大城市和超大城市，应该完善城市社会治理模式，禁止城市政府采取限制外地人流入或是以疏散为名驱赶外地人，还城市社会应有的开放包容姿态。这在经济减速、失业增加时显得格外重要。

在深度城市化过程中，要进一步完善城市建设用地供地机制和农村建设用地的高效配置机制，使建设用地特别是住宅建设用地的增加与城市常住人口特别是落户人口的增加相适应，使进城落户农民工的农村闲置宅基地有更好的入市变现通道和市场化权益价值实现机制。政府财政转移支付规模也要与人口流入地的人口流入规模特别是流入人口落户规模相适应，形成对吸纳转移就业人口落户的正向激励机制。在城市房地产调控模式方面，要改变目前通过行政管制限购限价、扭曲市场供求关系和价格信号的不合理做法，通过税收手段调控抑制不合理炒作行为，使正常的房地产需求得到有效释放。

第三,基于城市群和都市圈的区域协调发展格局。

中国未来城市化率将达到 80％以上,主要城镇人口将分布在"胡焕庸线"以东的城市群和都市圈地区,这主要是由自然条件和资源环境承载力决定的。如果城市群和都市圈内部的协调发展做好了,区域协调发展的大格局就形成了。以往以东部率先、中部崛起、西部大开发和东北老工业基地振兴为主的四大板块区域战略,加上点菜单式的碎片化区域政策,经过 20 年左右的实施已经取得阶段性成果,也留下了值得总结的经验教训。考虑到任何一个板块内部不同省区市之间存在较大差异,延续如此大尺度的区域战略或过于碎片化的区域规划和政策指导,实际操作性、指导精准性和市场统一性都将面临挑战,最后极有可能沦为不同板块之间争相寻求中央优惠政策的政治借口。

中国作为一个单一制的中央集权国家,区域差距甚至远远大于许多市场经济国家,这本身就有值得检讨的制度原因。实际上,从他国以及中国部分地区的经验看,真正有利于促进区域协调发展的恰恰是市场机制,因为市场机制会允许各类要素自由流动,并产生要素报酬均等化的趋同效应。而中国最大的不同就是户口制度制约了人口的自由流动和公共服务的平等配置。因此,区域战略和政策应该基于统一市场下的要素自由流动和要素聚集机制,做顺势而为的引导而不是逆势而为的干预。应该根据人口流动的趋势,将原有的以四大板块为主要构架的区域战略和政策,转变为以城市群和都市圈为空间单元的城市化空间格局优化战略,通过市场要素自由流动、基础设施网络共建、生态环境协作补偿、基本公共服务均等化等机制,促进城市群和都市圈内部不同规模城市和城镇之间的相互协调发展,只有这样才会实现真正有市场效率的区域协调发展格局,在要素分布和经济分布空间协调基础上实现区域人均收入差距的收敛,而区域人均收入差距的缩小最终会有利于内需的稳定扩大。

从大的城市群格局看,中国最具活力和潜力的城市群主要是粤港澳大湾区城市群、长三角城市群、环渤海大湾区城市群、成渝城市群和长江中游城市群。在这些城市群中,只有环渤海大湾区城市群(京津冀地区、辽宁沿海地区、山东半岛地区)未被纳入国家规划视野。这个城市群经济总量目前达到18.7万亿元,占全国的21%,我们值得在"十四五"时期像"十三五"时期谋划粤港澳大湾区那样来对其予以认真研究、全面谋划,甚至将其发展纳入国家战略。在南北经济发展差距持续加大的背景下,环渤海大湾区可能是中国北方地区基础条件最好、创新能力最强、集聚效应最显著、发展潜力最大的地区,这一地区有北京、天津等超大城市,还有大连、沈阳、青岛、济南、滨海新区等知名中心城市和新区,以及众多中小城市和小城镇。如果使这一地区结合对东北亚自由贸易区的建设,实施深度对外开放,将是缩小国内南北发展差距最值得发力并有望取得成功的有力措施,具有缩小区域差距和南北差距的全局性战略意义。

第四,基于宏观审慎的财政货币政策优化。

在面临外部环境急剧变化导致的外部需求剧烈萎缩时,为了避免对经济增长的实质性强烈冲击,可考虑采取扩张性的宏观经济政策来对冲外部冲击导致的明显波动。但是,在考虑货币政策和财政政策组合时,依然需要顾及中国经济的货币累计发行量偏大、债务杠杆率偏高的隐患,在货币政策和财政政策组合中让财政政策发挥更积极的主导作用,货币政策主要是在流动性供给方面保持适度宽松,使债务工具的发行利率保持在合理较低水平,为地方政府和企业的到期债务置换创造条件。要避免过于宽松的货币"放水"导致地方政府、企业、居民杠杆率的再度攀升。

在金融监管和金融工具为实体经济服务方面,一是要通过强化监管防范可能出现的系统性和区域性金融风险;二是要细化优化金融监管举措,为实体经济创新发展、绿色发展提供更加便利的融资服务,特别是提供有利于降低债务杠杆率的股权融资服务,为各类股权投资机构的市场化募资和投资运营提供更好的发展和激励环境。

要进一步优化政府支出结构,将更多支出用于与深度城市化相关的大城市住房保障、城市地铁网络、城市群都市圈快轨、生态环保设施和公共服务设施,依据区域人口密度完善基础设施网络规划和建设,减少在偏远地区和人口稀少地区的不合理基础设施投入和浪费,减少锦上添花类基础设施项目。

第五,基于深化开放的出口稳定增长。

深度对外开放不仅是放开对外国产品、服务和投资的市场准入,还包括国内有可能导致贸易和投资行为扭曲的制度改进并与国际规则接轨,这有利于为企业的全球化经营营造稳定友好、安全可靠的外部营商环境。通过提高产品和服务品质扩大出口规模,是企业国际化经营和提高国际竞争力的努力方向和职责。对政府来说,更重要的是努力为企业营造公平稳定友好的贸易环境。

面对国际环境日趋复杂的新变化,中国必须更加积极主动地参与国际多边、区域、双边自由贸易和投资体制的建设,为中国企业参与全球化竞争和经营创造更加稳定可预期的公平竞争环境。与此同时,还要进一步扩大国内产品和服务市场的对外开放,进一步降低产品关税、扩大服务业对外资的市场准入,与主要贸易伙伴之间形成"你中有我、我中有你"的利益相关格局。要认真研究主要贸易伙伴对中国贸易和产业政策的重点关切,基于国际规则作出相应调整和改革,以提高产业政策实效为出发点,避免对中国产业和贸易政策的"重商主义"

指控或不对等开放的指控。有了稳定的国际贸易环境,出口企业才能更好地专心于产品和服务的竞争力提升,稳定外部需求对中国经济增长的贡献。

总的来看,"十四五"规划的编制可能会难于以往,因为国家正面临改革开放以来前所未有的复杂国内外环境。

从国内条件看,今后甚至更长一段时期,中国经济呈现潜在增长率下降趋势,这需要我们不满足于近 3 年供给侧结构性改革的阶段性成果,通过深化供给侧结构性改革并与短期宏观调控政策有效配合,形成对供需两侧更有利的增长支撑。

从国际看,中国经济的开放度和信息化世界的形成,使得中国即便是专心做好自己的事情,也离不开与国际社会的交流与合作,中国需要以更开放的心态努力维护友好稳定的国际政治经济环境和自由贸易体系。

尽管如此,中国完全有可能通过包括体制机制创新、政策机制创新、科技创新在内的全方位创新,来更好地激发国内微观主体的发展活力和增长能力,进一步提升资源的市场化配置效率,使经济增长速度保持平缓并延长增长平台期。因此,相对于"十三五"时期的供给侧结构性改革而言,"十四五"时期供给侧结构性改革的核心内涵应转变为全方位创新,核心是体制机制创新和科技创新。

如果能够通过全方位创新实现上述目标情景,中国就可以用 10 年左右的时间,成功跨越中等收入陷阱并稳步迈入高收入国家行列,综合国力、国际竞争力和人民生活质量都会有所提高,并为人类命运共同体的建设作出更大的贡献。

企业退出机制改革势在必行

冯兴元

中国社会科学院农村发展研究所研究员

　　企业破产退出,首先被视为企业市场中的一种出清。因不能有效配置和利用资源而资不抵债的企业被迫退出,出价最高的企业出面接收破产企业。出价最高代表出价者往往有着预期回报率最高的企业重组方案,倾向于最能重新配置和利用破产企业资源。由此可见,企业破产退出是优化企业资源配置的机制。企业破产退出也属于一种对企业债务人在资不抵债情况下的保护,所以叫"破产保护"。企业按照其资产净值的大小,按各债权人的债权占比赔偿债权人的损失。这样破产的结果是,债务人理清了债务责任,从而可以在未来轻装上阵,既可以新设企业,以图东山再起,也可从事其他职业。

　　《中华人民共和国企业破产法》于 2006 年通过,2007 年 6 月 1 日起施行。但企业"破产难"问题仍然存在,主要体现在以下四个方面:一是债权人提出要求实现企业破产的较少,债务人提出破产或者司法部门处理案件时强推破产的较多。二是企业破产容易受到行政干预。

尤其是地方"龙头企业"的破产往往容易受到地方政府的干预。国有企业的破产更是"老大难"，容易受到主管部门的干预和阻止。三是一些企业破产案在法院立案难。鉴于很多破产案件涉及面大而复杂，法院往往以各种理由不立案。四是破产案件审理及执行存在较多问题。比如破产企业债权清收难，破产财产变现难，变现资金回收难，损害赔偿争议解决难，职工享受保险难，企业职工安置难，以及资产出售后办证难，等等。

大量企业需要退出

中国经济正处在"多期交叠"的时期，在大量新企业进入市场的同时，也有大量企业退出或者有待退出。目前是企业资金链紧张和断裂、停业倒闭的高峰期，也就是企业退出的高峰期。其中一条退出的途径就是依法破产。

"多期交叠"中至少有三"期"值得特别关注。首先，正如中共十九大报告所指出的那样，中国经济"正处在转变发展方式、优化经济结构、转换增长动力的攻关期"，可视为"政策发力期"。其次，鉴于数字化浪潮的到来，传统产业正在被淘汰或接受数字化技术的改造，数字化经济正在发力，这说明目前中国正在进入一种新的"熊彼特长周期"。再次，中国也处在"米塞斯－哈耶克周期"的整体经济增速下行期：米塞斯和哈耶克认为，向经济不断注入廉价货币，可能造成经济中相对要素和产品价格结构的扭曲，将过多资源投入产品的生产，尤其是投入拉长生产过程、增加生产阶段以求增加产品数量和提升产品质量的"迂回生产"，当人们对消费的预期从原先的乐观发生转向，企业家对生产前景的预期也会改变，很多企业尤其是传统行业的企业，资金链日益紧张,停产或者破产的企业也日益增加,整体经济增速出现下行。"米塞斯－哈耶克周期"问题还由于以下问题而加剧:地方政府和国有企业负债占用较多社会资金,金融业与实体经济脱节。这将进一步导致传统行业资金链紧张甚至断裂。

上述"多期交叠"分析只是大致分析了中国经济目前所面临的处境。单纯从上面的"政策发力期"、新的"熊彼特长周期"和"米塞斯－哈耶克周期之经济增速下行期"这"三期交叠"的情形来看,中国经济既充满了挑战,又充满了机会。很显然,在政策发力期,转变发展方式、优化经济结构、转换增长动力都是亟须推进的。困难大,成功的机会也大。只要坚持和平发展的道路,本着一种开放试错的态度不断推进,那么,这种政策发力必然会取得良性成果。比如,虽然遭遇"米塞斯－哈耶克周期"的经济下行阶段,但如果坚持发展和完善市场经济体制,采用更为妥善的结构性改革(比如减少市场扭曲,促进公平竞争,促进民企发展,强化产权保护,开放市场,强化责任,促进币值稳定),用"疏术"而非"堵术"来处理当前面临的各种经济问题,那么,经济下行问题也迟早会解决。即便遭遇中美贸易纠纷,也就是"中美关系调整期",但这是挑战也是机遇,关键在于如何应对。推进国内市场开放和经济治理方式转型,对中国是有利的。

中国的整体经济尽管还在增速下行阶段,但企业的数量在不断增加。这是近几年的现象。一是企业家(含民营企业主和个体户)习惯于作为企业家开展经营,即便经营不好,甚至原有经营活动已经停止,还是愿意开办企业或者作为个体户继续经营。自主经营、自己当老板容易成为一种固定行为倾向。而且,愿意开办民营企业的人或者个体经营者,本身就多少有着企业家特质。二是企业退出较难。原有企业因为债务等问题变成了"有毒资产"或者"问题资产",或者账户被查封,甚至老板变成"老赖"(部分是冤枉的),或者过去存在税收等问题,企业家索性设法新设企业。即便企业完全遵纪守法,企业退出实际上也较为困难,需要经过工商、税务等部门的审查。三是目前很多民营企业开始或者准备实现新老交接,第一代民营企业家慢慢退出,子女作为第二代民营企业家进入。一部分第二代民营企业家并不想原封不动地承接父辈的企业,反而新设自己的公司,考虑自己的主业。四是中国政府的"双创"政策("大众创业、万众创新")给予创业者和创新者一些补贴支持政策,导致很多具有或者不具有企业家特质的青年均加入创业和创新大军。这些青年无论是否能够成功创业创新,大多难以接受"打工仔"的位置。五是政府的政策对于新设企业或者个体经营户来说是非常宽松的。这种低门槛政策鼓励了很多人员设立企业或者成为个体经营户。

如果按照是否含有国资或者国资比例是否达到10%这一衡量指标来看,中国国有企业的数量实际上扩张较快。这与中共十八届三中全会以来力推"混改"(混合所有制改革)有关。同时,国有全资或者控股公司当中,还有不少"僵尸企业",这些企业难以退出经济领域,最大的难点在于怎么处理好债务和人员安置的问题。根据国资委秘书长、新闻发言人彭华岗2019年1月17日发布的信息,"处僵治困"是国资委这几年供给侧结构性改革的重点工作。2018年年末纳入专项工作范围的"僵尸特困企业",其中有超过1900户已经完成处置处理的主体任务。看来,这些"僵尸企业"要完全退出,需要时间。

"僵尸企业"是指丧失独立维持自身持续经营能力和自我发展能力,必须依赖政府补贴这种非市场手段或借新还旧来维持生存的企业。尽管这些企业不产生经济效益,但占有和闲置了土地、资本、劳动力等生产要素,甚至不断接受政府补贴,妨碍了新技术、新产业、新动能的引入。"僵尸企业"实际上不仅不能创造财富,而且不断破坏财富创造。这是因为,这些生产要素被占有和闲置,等于剥夺了其创造财富的能力。而本来它们可以被真正的企业家用于创造财富。"僵尸企业"不同于因临时性经营问题而陷入困境的问题企业——只要这种经营问题得到解决,企业就能很快起死回生。按照一些学者的看法,"僵尸企业"的特点包括其作为"僵尸"进行"吸血"的长期性、依赖性。但放弃对"僵尸企业"的救助则容易带来一连串社会问题,比如债务的处置和员工的安置等。由此看来,"僵尸企业"具有"绑架社会"的特征。

区分三类企业退出

第一类是民营"僵尸企业",第二类是国有"僵尸企业",第三类是其他拟退出企业。

民营"僵尸企业"属于较大型"僵尸企业",曾经或为地方纳税大户。由于资金链紧张,地方政府往往顾虑未来地方形象和解决当地就业,期望企业能够渡过难关、起死回生,因此会同意临时救援民营"僵尸企业",比如协助安排救急贷款,提供一定的财政补助或者税收优惠。但地方政府也是讲求实效的,对于民营"僵尸企业",一般不会提供较长期的救援。从这个意义上看,民营"僵尸企业"不会是真正的"僵尸企业",无力回天者,最终会退出市场。

国有"僵尸企业"不一样。国家发改委新闻发言人孟玮针对《加快完善市场主体退出制度改革方案》出台表示:"当前,在我国探索市场退出机制实践的过程中,面临的突出问题是主体退出的渠道不通畅、激励约束的机制不健全、配套的措施不完善、退出的成本比较高。这些问题使退出的主体比例明显偏低,从而影响了市场机制作用的发挥，也不利于实现资源的有效配置。"国有企业往往存在科尔奈所讲的"预算软约束"问题，负盈不负亏。盈利了，利润上缴有限，而且整个国有企业部分利润上缴总额与政府的国有资本经营支出总额相差不大。即便亏损，往往可以获得政府注资或者补贴。

其他的拟退出企业，一般来说谈不上是"僵尸企业"。一些民营企业实际上是有订单就干，没订单就歇着。这种状态是小微企业在特定约束条件下有效利用资源的方式，而且其运作符合私人产权自治和承担责任原则，尤其是自负盈亏的原则。这些企业或者个体户撑不下去，自然会停业关门。还有一些民营企业出于种种原因寻求退出，但仍然存在手续多、退出难问题。中国"放管服"改革从 2016 年开始，在增进企业新建的便捷性方面做了较多改革工作，但在推动企业依法破产退出方面才开了个头。无论是企业新建还是企业关闭的便捷流程，都是良好营商环境的体现和要求，属于政府对企业的一种服务。

最新一轮加快完善市场主体退出制度改革

国家发改委等 13 个部门于 2019 年 6 月联合印发《加快完善市场主体退出制度改革方案》（下称《方案》），发起了最新一轮加快完善市场主体退出制度改革。这也是中国第一个系统全面提出和部署建立市场主体退出制度与机制的国家级文件。其诞生的大背景就是基于对中国整体经济增速持续下行和微观经济主体生存环境较差的总体判断。这种判断的意蕴在于中国很多企业，包括国有"僵尸企业"和民营"僵尸企业"，会继续破产退出。鉴于存在上述种种企业破产难问题，《方案》提出，要"畅通市场主体退出渠道，降低市场主体退出成本，激发市场主体竞争活力，完善优胜劣汰的市场机制，推动经济高质量

发展"。值得注意的是,《方案》不仅明确了建立有效的企业退出机制,
还提出研究建立个人破产制度。尤其是对国有"僵尸企业"退出提出
了明确要求。

其实,国家发改委等 11 部门在 2018 年 11 月 23 日就已经联合下
发《关于进一步做好"僵尸企业"及去产能企业债务处置工作的通知》
(下称《通知》),明确各地区应建立"僵尸企业"及去产能企业债务处置
工作机制,规定原则上应在 2020 年年底前完成全部处置工作。

与之前的《通知》相比,《方案》对建立和完善企业退出制度和机制
的规定更为全方位、系统化,也更具操作性。

《方案》提出的建立企业退出机制的指导思想,符合一个现代市场
经济体制对政府和市场主体提出的要求:"……坚持推动高质量发展,
坚持以供给侧结构性改革为主线,以促进资源优化配置和提高资源使
用效率为目标,按照市场化、法治化原则,建立健全市场主体退出制
度,提高市场重组、出清的质量和效率,促进市场主体优胜劣汰和资源
优化配置,推动经济高质量发展和现代化经济体系建设。"当然,我们
需要注意,一直以来一些部门的官员把保护国有和民营"僵尸企业",
或把通过向其提供企业补贴和救援资金而扭曲市场过程(意味着保护
低效率)视为供给侧结构性改革的内容。这种做法需要纠正。

《方案》强调了"四项基本原则":坚持市场化改革,坚持法治化方
向,坚持约束与激励并举,坚持保护各方合理权益。前三项原则说明
建立企业退出机制的改革符合现代市场经济体制的要求,最后一项则
涉及建立配套和保障机制的改革原则。《方案》的上述改革原则实际
上确立了企业该退就应退的原则,对企业退出的力度要求也是史无前
例的。

坚持市场化改革要求充分发挥市场配置资源的决定性作用,规范

市场竞争秩序，减少市场扭曲，完善优胜劣汰的市场机制，促进生产要素和资源由无效低效市场主体向高效市场主体流动，最大程度发挥各类要素和资源潜力。政府则需要更好发挥作用，创新调控、监管、服务方式，为市场主体依法退出营造良好的制度环境。市场化改革需要强调以民间资本为主导，国有资本不挤出民间资本，尽量对市场提供更多辅助性支持，即遵循辅助性原则。发挥市场配置资源的决定性作用，这在市场经济中是一条重要的要求。

坚持法治化方向涉及加快完善市场主体退出的法律法规、尊重和保障市场主体自主经营权利。有效衔接各类法律法规和相关政策，有效降低市场主体退出交易成本。在市场机制不能有效发挥作用的领域，通过合理运用公共政策，引导或强制低效无效的市场主体依法有序退出，同时畅通退出权利救济途径。这里强调了法规政策的系统配套、司法和行政程序的有效衔接，实际上强调了企业该退就应退。

坚持约束与激励并举涉及强化市场纪律、促进市场主体审慎经营、防止盲目激进经营和过度负债。对经营失败的诚实市场主体给予适当宽容，使退出市场主体承担合理有限责任，保留再创业机会，保护创新创业的积极性。这里强调了责任原则，对承担了责任但经营失败的企业提供"破产保护"，符合市场经济的要求。

坚持保护各方合理权益涉及处理好企业职工、各类债权人、股东及其他利益相关方之间的权利义务关系，切实防范逃废债等道德风险，确保各方依法公平合理分担退出成本，保障市场主体退出稳妥有序、风险可控。同时着眼全局和长期利益，提高退出效率，防止因利益纠葛久拖不决导致多输局面。这里强调了建立企业破产退出的配套和保障机制，主张企业破产退出机制应该考虑不同利益相关者权利和义务的对等，同时强调了每个人要为自己的行为和债务承担责任，反对可能的逃废债行为。

《方案》实际上是以必须可操作、可执行为目标,进行倒逼安排,提出什么问题需要解决,由哪些政府部门负责解决。这种企业退出制度和程序必然是系统性的,环环相扣,彼此不能脱节,它们的建立和运行属于一种系统工程。《方案》的措施包括:规范市场主体退出方式,健全清算注销制度,完善破产法律制度,完善特殊类型市场主体退出和特定领域退出制度,健全市场主体退出甄别和预警机制,完善市场主体退出关联权益保障机制,以及完善市场主体退出配套政策。每个大类又确立若干项需要制定的具体程序和措施。很多制度和程序实际上缺一不可,相互衔接。

如第一大类"规范市场主体退出方式",具体要求是按照市场化法治化原则,进一步明确市场主体退出方式,完善规范退出的条件、标准和具体程序,使各类市场主体均有适当的退出方式和渠道。具体涉及四个方面的程序和措施:规范自愿解散退出,建立健全破产退出渠道,稳妥实施强制解散退出,明确特定领域退出规则。这里,稳妥实施强制解散退出,实际上涉及"僵尸企业"的强制破产退出规定:一是严格限定市场主体因政府公共政策规定而强制解散退出的条件,稳妥处置退出后的相关事宜,依法保护市场主体产权;二是统一市场主体强制解散退出的标准和程序;三是对强制解散退出应设定救济程序,依法保障退出市场主体和利益相关方的合法权益。

警惕企业退出机制被滥用

前面主要分析了企业退出制度的必要性和种种好处。但企业退出制度属于"双刃剑",也很可能被滥用,需要特别加以警惕防范。

目前,中国的社会信用环境较差,法律漏洞较多,债务人容易在借入资金之后利用退出机制逃废债。一些企业负责人利用有限责任制,只以其注资额承担财务责任。他们可以事先把资金转移出去,然后利用企业退出机制破产了事。这些事情既发生在民营企业部门,也发生在国有企业部门。在国有企业部门问题更为严重。这是因为,负责管理国有企业的主事部门和地方政府一般倾向于协助债台高筑的国有企业逃废债。

长期以来,很多国有"僵尸企业"和地方政府企业(尤其是地方投融资平台公司)的债务得到了政府的隐性担保,实际上是对债务进行兜底,即承诺刚性兑付。这些企业出现债务违约情况时,政府往往会出面提供救助,包括协助逃废债。虽然这些企业形式上承担有限责任,实际上是无限责任,因此,容易得到投资者的信任。实施新的企业退出制度之后,企业真正承担有限责任,政府不再对债务偿还兜底,实际上背弃了原先承诺的责任。比如,一些政府部门官员认为地方政府融资平台公司资不抵债的应该实行破产。如果真的这么做,实际上是违背地方政府迄今为止的事实承诺,构成逃废债。

《方案》强调要区分企业是诚信经营,还是存在不诚信经营行为。根据有限责任原则来实施破产,把净资产按债权人的债权比例分配到各债权人头上,适用于破产企业诚信经营的情况。如果存在不诚信经营的问题,虽然也要走这一程序,但需要对债务人追加附带的民事和刑事责任。而且,那些接受了转移资金的账户所有人,均需要与破产企业债务人一起,被视为一个共同责任体追究责任。

因此,有限责任公司或者股份有限公司等承担有限责任的企业,其良性运作是存在前提的:一是需要一个良好的社会信用环境;二是企业本身要以诚信经营为基础;三是需要有良好规范的会计记录和审计;四是尽量通过银行走账,减少现金结算和支付;五是最好像德国那样,中小企业只选择一家主要往来银行("管家银行"制度),银行和企业形成长期互信的"关系型融资"关系,而大企业可能会在不同的银行开设一些账户,但其走账也必须容易核查和监管。

因此,有限责任制虽然有其优点(比如投资人可以根据需要凑份子设立巨型公司,以满足项目投资的资金需求),但问题也是存在的。正因如此,也可以专门设立一种新的公司形式,最好是有限责任和无限责任的结合。多数股东可以是有限责任股东,少数关键股东则是无限责任股东,后者会非常关注企业的合规运作。两者的结合,既能扩大资金盘,又能让投资者对企业放心。如德国就有一种两合公司,结合有限责任股东和无限责任股东。这种两合公司类似合伙制私募基金的运作,私募基金往往会区分一般合作人和有限合伙人。其中一般合伙人承担无限责任,有限合伙人承担有限责任。

企业破产和自然人破产制度双珠合璧

《方案》提出分步推进建立自然人破产制度。研究建立个人破产制度,重点解决企业破产产生的自然人连带责任担保债务问题。明确自然人因担保等而承担与生产经营活动相关的负债可依法合理免责。逐步推进建立自然人符合条件的消费负债可依法合理免责制度,最终建立全面的个人破产制度。这方面中国有的地方有尝试。据报道,浙江省台州市中级人民法院 2019 年出台全国首个"个人债务清理审理规程"。该市天台县法院受理对浙江银象公司破产清算一案时发现,公司法定代表人在公司经营中的不规范行为导致公司财产与个人财产高度混同。天台县法院在省内首次依据规程尝试将法定代表人的个人财产与公司财产合并破产，并免除了法定代表人剩余债务。这一债务清偿方案获得债权人会议表决通过，一举了结涉案公司和法定代表人个人的众多诉讼、执行及信访案件，取得了较好的社会效果。此案的被执行人柯某由此成为台州市"个人债务清理"第一人。

自然人破产制度，在发达国家和地区基本上都有，就是所谓个人信用破产制度。破产之后，在数年之内只能维持基本的生活水平，超越其上的收入用于赔付个人信用破产对债权人造成的损失。数年之后，恢复个人信用。自然人破产制度的一个好处是，对债务人提供最低必要程度的保护，同时对债权人过度放债行为形成制约。

有了企业破产制度和自然人破产制度，对中国企业退出和自然人负债的处置将更为规范。中国众多银行往往对民营企业不大放心，在要求企业提供抵押担保的同时，还要求企业主及其家人作为自然人提供附加的担保。这种担保一直以来属于无限责任。在同时推行企业破产制度和自然人破产制度之后，除了企业实行破产，自然人也可以实现破产。自然人破产的惨境在较短期内可以想象，但是仍然优于其债务缠身、四处躲债的境地。这种自然人破产制度实际上也是一种对自然人的"破产保护"。这样的制度使得整个经济的运行更加规范、有序、健康，对企业债务人和负债自然人来说，也更加人性化。这种人性化又是建立在遵循责任原则和追究责任基础上的。因此，企业破产制度和自然人破产制度应该双珠合璧。未来，中国企业人及其家人的生存环境应该会因此得到巨大的改观。对于中国企业破产制度和自然人破产制度的改革，我们也乐见其成。

改革下一步与企业新机遇

李朴民

国家发展和改革委员会原秘书长

经过 40 多年的改革开放,中国成功实现了计划经济体制向社会主义市场经济体制的转轨,有力地推动了在经济社会、生态环境、民生福祉等方面取得举世瞩目的伟大成就。进入新时代,就是要围绕"完善和发展中国特色社会主义制度,推进国家治理体系和治理能力现代化"这一总目标,全面深化改革。通过改革,让一切劳动、知识、技术、管理、资本的活力竞相迸发,让一切创造社会财富的源泉充分涌流,让发展成果更多、更公平地惠及全体人民。

今后一个时期,全面深化改革的重点依然是经济体制改革,核心是使市场在资源配置中起决定性作用和更好地发挥政府作用,重点是产权制度改革和要素市场化配置,通过全面深化改革,实现产权有效激励、要素自由流动、价格反应灵活、竞争公平有序、企业优胜劣汰,促进和保障中国经济的高质量发展、对外开放的进一步扩大、民生福祉的进一步改善。

产权制度改革就是要加快完善现代产权制度，增强人民群众财产财富的安全感，维护社会公平正义。完善产权制度，要完善所有权及所有权派生的承包权、使用权、经营权、租赁权、收益权等各种产权。总的方向应该是，凡是未建立产权制度的领域要抓紧建立，建立了制度但制度内涵尚不完善的要进一步完善，与此同时要加强产权的平等保护。具体来讲：一是补齐短板，就是要补齐产权制度中的短板，形成清晰界定所有、占有、支配、使用、收益、处置等产权权能的完整的制度安排。二是健全制度，就是要健全自然资源产权、国有产权、集体产权、居民财产权、知识产权等制度。三是加强保护，就是要加强各类产权的平等保护，消除对产权的所有制歧视。具体到企业来讲，就是国有企业的财产权不可侵犯，民营企业的财产权同样不可侵犯，还要废除对民营企业的歧视性法律、政策和监管。

要素市场化改革就是要优化要素市场化配置，促进要素自由流动，提高资源配置效率。主要是通过深化财税、金融、投资、要素价格、户籍制度等方面的改革，大幅度减少政府对资源的直接配置，破除妨碍要素自由流动的体制机制，使市场在要素配置中发挥决定性作用。

深化改革的三个主要方面

需要指出的是，进入新时代，我们要推进的改革是全面的、全方位的改革，重点改革的深化需要相应的改革统筹推进。况且这些改革，有的属于重点改革的内容，有的是深化重点改革不可或缺的重要方面。我认为，深化改革主要包括三个方面。

（一）深化"放管服"改革，进一步优化营商环境

近年来，我国在改善营商环境方面进行了大量卓有成效的改革，提高了中国市场的国际影响力。2018年10月，世界银行发布的《2019年营商环境报告》显示：2018年，中国营商环境总体评价在190个经济体中位列第46位，进入世界排名前50的经济体之列。但《报告》同时指出，尽管中国在过去一年里取得了重要进展，但仍有提升空间。比如，报告列举了我国在"办理施工许可证"等领域的改革相对滞后，目前在全球的排名是第121位。

下一步，进一步优化营商环境的改革，需要对标先进水平、聚焦短板弱项，加大力度打好优化营商环境的攻坚战。主要改革措施包括：再推动取消一批行政许可等事项，继续深化商事制度改革；持续推动市场准入负面清单制度的全面实施，并健全清单动态调整机制；加快健全以"双随机、一公开"为基本手段、以重点监管为补充、以信用监管为基础的新型监管机制；加快清理修改相关法规制度，抓紧完善中国营商环境评价体系。比如，按照竞争中性原则，2019年要对妨碍公平竞争、束缚民营企业发展、有违内外资一视同仁的政策措施，应改尽改、应废尽废，年底前实现公平竞争审查制度在国家、省、市、县四级政府全覆盖，坚决防止和纠正排除或限制竞争行为。

（二）深化国企国资改革，加快确立各类企业的市场主体地位

这方面的改革涉及面广、敏感性强。当前，推进国企混合所有制

改革倍受社会各方面的关注。国企混合所有制改革是真正涉及产权层面的改革，深化这项改革，无论是对完善我国的基本经济制度，还是对深化国有企业改革都具有"牵一发而动全身"的效果。所以，要把混合所有制改革作为推进国有企业改革的关键举措和重要突破口。从2016年起，按照完善治理、强化激励、突出主业、提高效率的要求，国家在电力、石油、天然气、铁路、民航、电信、军工等领域开展了混改试点，三批50家混合所有制改革试点取得重要阶段性成效。目前，第四批混改试点已启动，范围和领域进一步拓展。

下一步，国资国企改革的重要任务是：(1)落实改革举措。扎实推进国企改革"1＋N"政策文件落实落地和各项改革试点经验成果的推广应用，出台改革国有资本授权经营体制方案，深化综合性改革，建立职业经理人等制度，深入推进国有企业工资决定机制改革，培育世界一流企业。(2)抓好混改试点。应在总结试点经验的基础上，推进重要领域混合所有制改革，完善员工持股等配套政策，加快推进一般竞争性领域国有企业混合所有制改革，积极推动民营企业参与国有企业混改。(3)完善国资管理体制。积极推动国有经济战略性重组和布局优化，加快实现从管企业向管资本转变，改组成立一批国有资本投资公司，组建一批国有资本运营公司，推动国有资本投资、运营公司试点取得更大成效，还要研究扩大国有资本经营预算实施范围。(4)深化重点行业改革。继续深化电力、石油、天然气等重点行业改革，推进重点领域和竞争性环节的价格改革。

在深化国资国企改革的同时，积极支持民营经济和中小企业发展。这方面下一步改革的方向是：坚持竞争中立、公正监管，支持各类企业、各种所有制企业依法经营、创新发展。首先，加强产权和知识产权保护，建立健全产权保护协调机制，依法保护民营企业法人财产权和经营自主权,激发、保护、弘扬企业家精神。其次,全面实施市场准入负面清单制度,真正实现"非禁即入"。再次,着力缓解企业特别是中小企业融资难、融资贵问题。着力疏通货币政策传导机制,鼓励金融机构扩大对实体经济特别是制造业企业、民营企业、小微企业的信贷投放。加快设立民营企业债券融资支持工具,以市场化方式帮助企业缓解融资难问题。

(三)深化宏观管理体制改革,不断创新宏观调控的方式方法

经过 40 多年的改革开放,我国逐步建立起了符合社会主义市场经济要求的宏观调控体系,并经受了多轮调控实践的检验。新一轮的宏观管理体制改革,要围绕既能充分发挥市场在资源配置中的决定性作用,又能更好地发挥政府作用、激发各类市场主体活力,继续向纵深推进。重点应是"推进四方面改革,完善一个体系"。"四方面改革"指深化财税体制、金融体制、投资体制、价格管理体制的改革;"完善一个体系"指创新和完善宏观调控体系。

财税体制改革,应在推进中央与地方责权利关系深入调整的同时,稳步推动个人所得税综合与分类相结合的改革,逐步建立现代增值税制度。2019 年 4 月 1 日,深化增值税改革正式实施。此轮深化增值税改革主要包括降低增值税税率,将制造业等现行 16% 的税率降到 13%,将交通运输业等现行 10% 的税率降到 9%,保持 6% 一档税率不变。同时,扩大进项税抵扣范围,试行期末留抵退税制度,对生产、生活性服务业进项税额加计抵减,确保所有行业税负只减不增。

金融体制改革,应包括货币政策调控、金融监管框架、金融机构市场化改革、金融市场体系完善等多个方面,同时要有利于防范和化解金融风险。重点应放在:进一步深化金融要素价格的市场化改革,包括完善利率和汇率等资金价格市场化形成机制,将资金配置到最有效率的领域;进一步提高金融机构的公司治理水平,积极稳妥推进金融机构混合所有制改革,提高金融机构核心竞争力;进一步改善货币政策传导机制,健全货币政策和宏观审慎政策双支柱调控框架,将更多金融活动、金融市场、金融机构、金融基础设施纳入宏观审慎政策框架,有效防范和化解金融风险。

投融资体制改革,重点应放在:一方面,进一步消除制约市场主体投资决策自主权的制度性约束,激发社会投资活力。包括建立健全吸引民间资本投资重点领域的长效机制,引导民营企业参与国家重大战略和补短板项目建设,鼓励民间资本采取混合所有制、投标联合体等多种方式参与 PPP 项目建设。另一方面,合理调整中央预算内投资结构,发挥政府投资在补短板、强弱项、促进高质量发展方面的重要作用。同时,要以"制度＋技术"为支撑,强化事中事后监管。

价格管理体制改革,重点应放在:加快完善主要由市场决定价格特别是要素价格的机制。改革开放以来,我国价格管理体制改革不断深化,目前已有近98％的商品和服务价格放开由市场决定,市场决定价格机制基本建立。下一步,应加快要素价格市场化改革的进程。深化资源性产品、垄断行业等领域要素价格形成机制改革,比如,根据水、石油、天然气、电力、交通、电信等不同行业的特点,实行"网运分开"和公共资源市场化配置。放开竞争性业务和竞争性环节价格,真实反映市场供求关系、资源稀缺程度和环境损害成本。同时,要强化价格领域反垄断执法,加强事中事后监管。

在深化宏观管理体制重点改革的同时,还要进一步完善宏观调控体系,创新宏观调控的方式方法。重点在于:发挥国家规划的战略导向作用,健全财政、货币、就业、区域等政策协调机制,进一步增强消费对经济发展的基础性作用;发挥投资对优化供给结构的关键性作用,增强调控的前瞻性、针对性和有效性,为经济平稳健康运行创造良好环境。

下一步改革为企业带来的新机遇

40 多年的改革已经证明,新时期的全面深化改革还将进一步证明:改革开放是当代中国最显著的特征,破除并将进一步破除妨碍发展的体制机制障碍,为各类市场主体营造日臻完善的发展环境和取之不竭的发展机遇。具体来讲,至少可以概括为四个方面。

(一)改革的进一步深化,将为企业发展营造稳定可持续的经济大环境

虽然近年来,我国人口等方面的红利在逐步减弱,经济由高速增长转变为中高速增长,但目前我国经济这种增长态势,在世界上仍是不多见的,即便是 2018 年,在国内外环境复杂多变、经济面临较大下行压力的情况下,中国经济仍保持了 6.6％的增长速度,2019 年一季度又增长了 6.4％,而且总体稳定、稳中向好、稳中有进。作为世界第二大经济体的中国,长期保持了稳定可持续发展,其中一个非常重要的原因,就是改革开放的红利在不断释放、宏观调控的成效在不断显现。在这种稳定可持续可预期的大环境中,各类企业完全可以坚定信

心,潜心搞实业,汇智抓创新,加快推转型,着力提质量。由此可见,中国经济长期保持中高速稳定可持续发展的大环境,就是中国企业应该紧紧抓住的重大机遇,同时,通过推进自身的改革创新和高质量发展,为保持这种稳定有利的大环境增添新动能。

(二)改革的进一步深化,将使企业新的发展动力不断增强

在坚持基本经济制度、坚持"两个毫不动摇"的前提下,深化以完善产权制度为重点的激励机制改革,逐步使各类产权归属清晰、权责明确、平等保护、流转顺畅,必然会不断增强企业发展的动力,丰富企业动力的源泉。比如:通过完善国有企业产权制度,可以促使国有企业成为真正意义上的企业,拥有完全的国有资本经营权;通过完善民营企业产权保护制度,废除对民营企业的歧视性法律、政策和监管,可以使民营企业的财产权同样不可侵犯,达到"有恒产者有恒心"的效果;通过完善科技创新产权制度,可以使科研人员拥有其应该拥有的科研成果的产权,必然会有效激发科技人员的创新创造能力;通过推进混合所有制改革,积极探索企业员工持股的路径与方式,可以使处在关键岗位的管理者、业务骨干、技术人员等员工获得相应的股权,成为企业真正意义上的主人。这些改革措施的实施,都将促使各类企业利益激励机制更加完备,权责约束机制更加健全,内生动力更加充沛。

（三）改革的进一步深化，将使企业不断迸发新的发展活力

市场这只"看不见的手"在资源配置中决定性作用的确立，政府这支"看得见的手"更好更规范地发挥作用，将使企业更具活力，市场充满生机。比如，全面放宽市场准入，进一步缩减市场准入负面清单，将推动"非禁即入"原则的普遍落实。再如，2018年版的市场准入负面清单中的禁止准入类和许可准入类，都比原来的"试点版"进一步缩减，事项减少了177项，具体管理措施减少了288条；2018年版的全国和自贸试验区两个外资准入负面清单和特别管理措施也进一步减少，分别压缩至48条和45条。这就为各类企业在更宽领域、更大范围内开展自主决策、自主经营拓展了空间。又如，推进"放管服"、优化营商环境等方面改革的进一步深化，将会使市场的活力、企业的创造力在更大程度上得到释放。根据世界银行的评价报告，2018年，我国在"开办企业"方面取得了突破性进展，在190个经济体中排名第28位。2018年开办企业领营业执照的时间需要8.5天，2019年将会降至5天，以前则需要22天。审批环节的减少，营商环境的优化，使市场主体的数量出现了爆发式增长。2018年，每天新诞生的企业数量达1.84万户，其中受益最大的还是民营企业，在新设立的企业中，90％以上是民营企业。

（四）改革的进一步深化，将使企业的生产成本进一步降低

深化供给侧结构性改革特别是实施一系列降成本措施，加快增值

税等税制改革,降低企业社保缴费负担,可以进一步为企业减轻税费负担、降低财务成本。比如,2018 年,国家为企业和个人减负约 1.3 万亿元;2019 年减税降负的力度将进一步加大,预计全年减轻企业税收和社保缴费负担近 2 万亿元。还比如,通过深化电力体制改革,清理电价附加收费,降低制造业用电成本,2019 年将使一般工商业平均电价再降低 10%。通过深化金融体制特别是金融供给侧结构性改革,完善货币信贷投放机制,以关键制度创新促进资本市场健康发展,增加企业直接融资比重,降低贷款成本,缓解融资难、融资贵问题,支持实体经济特别是民营企业和中小企业发展,等等。这些改革举措,将使企业特别是中小微企业可以运用价格较低的商品、服务和要素、物流,开展生产经营活动,将更多低廉的资金成本投入生产研发,加快转型、升级、提质的步伐。

第五部分

金融开创新格局

引领绿色金融的未来

徐忠　中国人民银行研究局局长

　　发展绿色金融已经成为中国新时代一项重要的国家战略。2012年11月,党的第十八大首次把"美丽中国"作为生态文明建设的宏伟目标。生态文明建设摆在了中国特色社会主义"五位一体"总体布局的战略位置。党的十八届五中全会提出了"创新、协调、绿色、开放、共享"的新发展理念。2015年,中共中央、国务院发布的《生态文明体制改革总体方案》和2016年国家"十三五"规划纲要明确提出了"构建我国绿色金融体系"的宏伟目标。所以说,发展绿色金融是一项重要的国家战略。

　　同时,中国在国际社会中积极倡导绿色金融发展,起到了重要的引领作用。在中国倡导下,2016年杭州G20峰会发布了《二十国集团领导人杭州峰会公报》,首次将绿色金融写入其中,发展绿色金融成为重要的全球共识。在中国的倡议下,2016年9月6日,G20绿色金融研究小组正式成立。研究小组发表的《2016年G20绿色金融综合报告》明确了绿色金融的定义、目的和范围,识别了绿色金融面临的挑战,提出了推动全球发展绿色金融的七个选项,成为国际绿色金融领域的指导性文件。

中国在国际双边、多边合作中倡导推动绿色金融发展:中英联合探索商业银行和资产管理公司环境信息披露的内容和方法;中美设立了中美建筑节能与绿色发展基金;中国和卢森堡也同步发布了绿色债券指数,由中国机构编制的绿色金融标准首次被境外资本市场交易机构采纳;《中国对外投资环境风险管理倡议》的发布有力推动了我国对外投资绿色化进程等。

中国发展绿色金融的独特背景

第一,从"阴谋论"到加入减排的转变。10年前,在中国是否加入哥本哈根碳减排问题的讨论中,国内曾有不少人提出了所谓的"阴谋论"观点,认为这是发达国家蓄意将中国这样一个重要的发展中国家纳入减排的制度中,增加中国的发展成本,削弱中国的竞争力,从而阻碍中国经济的发展。但几年后,大家的认识发生了改变,雾霾、资源等问题的严重性让人们深刻认识到,疯狂追求 GDP 而忽视经济、社会和生态的和谐发展,终将导致经济发展不平衡和不可持续,人们越发意识到可持续发展的重要性。

第二,严峻的生态环保现状。在中国经济高速发展的同时,我们深深感受到了严峻的环境问题。持续的雾霾天、严重的环境污染和资源浪费、严重的生态环境问题成为经济发展的短板,威胁着中国的可持续发展。我国有82％的人饮用浅井水和江河水,其中水质污染超标水源占75％;全国耕地面积的19％以上污染超标;清洁能源只有15％,而发达国家占到1/4～1/3。多年前,清华大学李宏彬教授等专家在《美国国家科学院院刊》上发表的研究报告《空气污染对预期寿命的长期影响:基于中国淮河取暖分界线的证据》指出,长期暴露于污染空气中,每立方米的总悬浮颗粒物每上升 100 微克,人类的平均预期寿命将缩短 3 年。按照北方地区总悬浮颗粒物的水平,意味着中国北方 5 亿居民因严重的空气污染平均每人将失去 5 年寿命。这项研究表明严重的空气污染会带来巨大的健康成本,制定和实施力度更大的空气污染治理政策具有较高的经济价值。

第三,发展绿色金融、推动绿色发展将为经济发展带来新的增长点。长期以来,我国经济发展过度依赖房地产和基础设施建设,这样的发展模式不可持续。新的经济增长点在哪儿?其中之一就是推动绿色发展,通过绿色转型破除传统发展的路径依赖,为经济增长汇聚新动能。研究表明,绿色投资对国民经济发展起到显著拉动作用。发展绿色金融可同时起到稳增长和调结构的作用。据估算,在节能领域,"十三五"期间高效节能技术与装备市场的年均值可达 7000 亿元;在污水处理领域,仅膜技术应用就可能创造 700 亿元的市场规模。此外,通过绿色金融体系可以改变不同类型项目的融资成本与可获得性,引导社会资本逐步从高污染、高耗能行业退出。

第四,"绿水青山就是金山银山"科学论断的提出。2005 年 8 月 15 日,时任浙江省委书记的习近平在浙江省湖州市首次提出了"绿水青山就是金山银山"的科学论断。实际上,习总书记当时提出这样的论断,与他从陕北—福建—浙江的亲身经历和长时间的深入思考是密不可分的,紧密结合了中国经济发展的实际和科学发展的理念。

此外,中国绿色金融的发展也缘于深厚的文化传统。中国的传统文化理念强调"天人合一"、人与自然的和谐发展,讲究"君子爱财取之有道"。近一二十年我国的经济发展过度追求 GDP,忽视了经济社会和自然环境的和谐发展，产生了环境、资源、食品安全等一系列问题，这与我们的传统文化理念相违背。

"自上而下"的政府推动是中国绿色金融发展的显著特征

推动绿色金融和可持续发展，中国和西方发达国家走的是完全不同的两条路。西方发达国家绿色金融发展主要是通过市场中介机构和 NGO(非政府组织)等组织推动的。西方发达国家的经济发展经历了"先污染、后治理"的模式。20 世纪六七十年代，罗马俱乐部基于对发达国家发展方式的担忧和质疑，深入探讨了关乎人类发展前途的人口、资源、粮食和生态环境等一系列根本性问题。1972 年，该俱乐部发表了著名研究报告《增长的极限》，提出"地球已经不堪重负，人类正在面临增长极限的挑战，各种资源短缺和环境污染正威胁着人类的继续生存"。"先污染、后治理"的发展模式阻碍了经济的可持续发展，发达国家最终意识到，经济发展要走可持续发展道路。

2003 年，花旗银行、巴克莱银行、荷兰银行、西德意志州立银行等 10 家银行宣布实行赤道原则①。之后，社会责任投资原则(Socially Responsible Investment，简称 SRI)、ESG 理念②成为投资领域流行趋

---

① 赤道原则的英文是 Equator Principles，缩写为 EPs，是 2003 年 6 月由一群私人银行所制定的非强制的自愿性准则，用以决定、衡量及管理社会和环境风险，以进行专案融资或信用紧缩的管理。——编注

② 即环境（Environment）、社会（Social Responsibility）和公司（Corporate Governance)治理，包括信息披露、评估评级和投资指引三个方面，是绿色金融体系的重要组成部分。——编注

势,逐步将环境责任纳入投资考量。通过市场机构及 NGO 组织的不断推动,国际社会对于发展绿色金融达成共识。2015 年 12 月,《联合国气候变化框架公约》近 200 个缔约方在巴黎气候变化大会上达成《巴黎协定》,为 2020 年后全球应对气候变化行动作出安排,标志着全球经济活动开始向绿色、低碳、可持续转型。

在中国,执政党把生态文明建设作为行动纲领,将绿色发展上升到国家战略的高度,这在国际上是没有的。通过政府推动,能更好地集中力量和资源把事情办好。

当然,要真正发挥政府推动作用,还需要有基层自下而上的探索实践,同时需要在全社会形成共识。

"自上而下"的顶层设计与"自下而上"的基层探索的有机结合是推动我国绿色金融落实的有效路径和核心

随着对绿色发展共识的不断形成和政策的调整,越来越多的市场主体意识到,发展绿色金融既是改善生态环境、实现可持续发展的内在要求,也是我国供给侧结构性改革的客观需求。绿色企业和绿色项目的融资需求将会形成巨大的市场蓝海,吸引金融机构创新各种产品服务来适应业务发展,在业务拓展过程中日益增加环境效益考量,主动向绿色方向转型。

(一)绿色金融的顶层设计和制度安排不断完善

本文开头讲到,2015 年的《生态文明体制改革总体方案》和 2016 年的国家"十三五"规划纲要明确提出了"构建我国绿色金融体系"的宏伟目标。2016 年 8 月，中国人民银行等七部委联合发布的《关于构建绿色金融体系的指导意见》，第一次系统性地提出了绿色金融的定义、激励机制、要求及绿色金融产品发展规划和风险监控措施等，成为我国绿色金融发展的纲领性文件。绿色指标被逐渐纳入金融政策、监管规定和相关法律制度。此外，近年来我国陆续出台的《水污染防治行动计划》《环境影响评价法》等法律法规也为绿色金融发展营造了良好的法制环境。

（二）绿色金融市场蓬勃发展，市场规模和产品结构迅速提升

一是我国绿色信贷增长呈现健康发展态势。绿色信贷规模保持稳增长且环境效益较为显著。银保监会公布的数据显示，国内 21 家主要银行机构绿色信贷规模从 2013 年年底的 5.2 万亿元增长至 2017 年 6 月末的 8.22 万亿元。二是我国绿色债券市场发展引人注目。我国在 2015 年年底推出的绿色债券，获市场普遍认可。2016 年被称为"中国绿色债券元年"，全年共有 49 家发行人发行了 1990 亿元的各类绿色债券。其中，绿色金融债券共发行 1580 亿元，发行总量和单只规模都居全球首位。2017 年，我国绿色债券发行量达 2500 亿元，是全球最大的贴标绿债发行国之一。三是碳市场发展有序推动。此外，绿色金融区域改革试点拉开帷幕，试点工作取得实效。

应该说，我国绿色金融发展走在了国际前列，得到了国际社会的高度关注和认可。但是，国际上也出现了对我国绿色金融发展的质疑，如质疑我国绿色债券全球第一，其是否符合"绿色"标准等。在绿色金融发展的大背景下，我想谈一谈我国绿色金融发展中有哪些关键

性问题。只有把握住这些关键性问题才能得到国际社会的认可,也才能推动我国绿色金融健康可持续发展。

绿色金融发展的几个关键问题

(一)明确"绿色"标准是前提

绿色金融的判断标准是否科学,是否得到大家的认可,是绿色金融发展的关键。绿色金融的核心在于实现资金要素的配置,类似于金融扶贫、金融支农支小,其本质上是一种金融政策,其关键是要对准目标、对准服务对象,确保资金能够真正流向绿色节能环保型企业和项目。

中国发展绿色金融,从一开始就高度重视"绿色"标准建设。在绿色金融产品标准方面,2012 年至 2015 年期间,原银监会先后出台了《绿色信贷统计制度》《绿色信贷实施情况关键评价指标》《能效信贷指引》等绿色信贷政策,明确了标准的绿色信贷统计口径和分类;原银监会《绿色信贷统计制度》则明确了绿色信贷的范围标准。人民银行和发改委先后出台了《绿色债券支持项目目录》和《绿色债券发行指引》,确定了符合绿色项目范围的标准。此外,人民银行、沪深交易所及交易商协会先后公布了关于绿色债券信息披露的标准,要求发行人按年度或半年度披露募集资金使用、项目进展及实现的环境效益等情况。在绿色金融发展中始终强调,绿色金融不是一个筐,不能什么都往里装。

当然,构建科学、统一、协调的绿色金融标准体系是个系统工程,人们对"绿色"的认识也在不断深化。例如，"两高一剩"企业就是非绿企业吗？并不尽然，很多此类企业的绿色改造项目都应当被认定为绿色项目。再如，高铁项目就一定是绿色项目吗？也不尽然，在人口稀少地区发展高铁项目，此时高铁项目就是非绿色项目。目前，对于绿色标准，部门之间也存在分歧，大家也在通过研讨逐步形成共识。人民银行正在牵头相关部门抓紧推动相关工作。2017年6月，人民银行、原银监会、证监会、原保监会、国家标准委联合发布《金融业标准化体系建设发展规划(2016—2020年)》，明确将绿色金融标准化工程列为"十三五"时期金融业标准化的五大重点工程之一。2018年1月，人民银行研究局牵头成立绿色金融标准工作组，推动绿色金融系列标准编制工作的顺利进行。此外，人民银行在绿色金融的国际交往合作中积极探讨推动建立国际统一的绿色金融标准体系。我们也在和英国及中国香港监管局等一起探讨，绿色债券能否使用统一标准，确保相关项目的绿色属性。

(二)提高绿色金融的商业可持续性是关键

没有商业可持续性的绿色金融是没有生命力的。绿色金融商业的可持续性取决于几个方面：第一是要有严格的环保执法，这是绿色金融发展的大环境；第二是财政税收等方面的激励引导政策做得好、做得实也有利于绿色金融可持续发展；第三是对市场中介机构等市场主体的社会责任、绿色投资意识培育得越好越利于绿色金融可持续发展，越多的主体投资绿色项目必然有利于降低绿色项目的成本和价格。

从市场主体看，一方面要通过创新提高绿色项目回报率，另一方面要运用价格机制促进吸引资金配置。具体来说，主要体现在以下两大方面：

第一，坚持市场导向。一是要充分发挥市场配置的基础性作用，不断通过机制体制创新提高绿色项目的回报率，引导金融资源配置到节能环保的绿色领域，退出污染性行业，促进产业结构绿色转型升级，服务实体经济绿色发展。二是要加大绿色金融产品和服务创新及绿色金融商业模式创新，通过价格机制，运用绿色信贷、绿色债券、绿色产业基金、绿色担保、绿色补偿基金等产品工具，广泛调动各种资源，为绿色金融提供源头活水，推动绿色金融可持续发展。三是强化市场主体的社会责任和绿色发展意识。

第二，加强政府引导。一方面要加大对绿色发展的激励引导，包括：建立绿色项目库，为资金对接合格的绿色项目；建立绿色担保基金，完善风险补偿机制，提升投资者的风险承受能力；对于绿色项目，特别是具有半公益或公益性质的绿色项目给予资金支持，如予以财政贴息、税收优惠、建立政府绿色发展基金；此外，运用央行再贷款、再贴息等货币政策工具，降低绿色项目的融资成本。另一方面，则要强化对非绿色项目发展的约束，包括提高环境信息披露要求，搭建公共环境信息共享平台，完善绿色金融基础设施建设，提升市场透明度。明确环保法律责任，严格环保执法，通过提高污染项目成本降低绿色项目成本，实现企业环境效益内生化。完善绿色评级及认证，培养负责任的绿色投资者，让更多投资人愿意购买绿色产品、投资绿色项目。

（三）坚持探索绿色金融创新是重点

绿色项目的融资需求具有多层次性和多样性，这就需要充分发挥主观能动性，积极探索创新，根据绿色项目的不同需求匹配相适应的金融产品和服务。纯粹的公共产品，通常可由财政资金或者公共资金来承担；具有投资回报性、可商业化运作的项目，则应充分发挥金融的支持作用，根据项目需求提供相应的金融产品。

（四）坚持防范风险的底线

绿色金融本质上还是金融，防范风险是金融的永恒主题，我国发展绿色金融牢牢守住了风险底线原则。绿色金融的风险点集中在以下几个方面：第一，绿色项目界定标准不完全统一，对什么是绿色项目在某些领域还没有达成完全一致的观点；第二，信息披露不完善，认证评级不规范；第三，绿色资金的后续监督管理有待加强，资金可能以"绿色"名义流入非绿色项目；第四，绿色项目高杠杆、高负债的风险；第五，"洗绿""假绿"等风险。

明确了绿色金融发展的关键问题，再来看看我国绿色金融区改革试点已经做了什么，还需要做些什么。

绿色金融区域改革试点及展望

2017年6月14日，国务院第176次常务会议审议通过了浙江省、广东省、新疆维吾尔自治区、贵州省、江西省等五省（区）绿色金融改革创新试验区总体方案，决定在五省（区）部分地方设立绿色金融改革创新试验区。中国绿色金融迈入"自上而下"的顶层设计和"自下而上"的区域探索相结合的发展新阶段。

此后，五地绿色金融试点地区以金融创新推动绿色发展为主线做了大量有益探索。

一是绿色金融产品和服务创新不断涌现。包括组建绿色金融专营体系,优化绿色信贷流程,完善产品定价并创新绿色信贷产品;丰富绿色信贷抵押品范围;运用资本市场拓宽绿色产业融资渠道;全面推行环境污染责任保险,大力创新绿色保险产品;探索绿色资产证券化等。

二是建立健全激励约束机制,提升绿色金融商业的可持续性。包括运用货币政策工具支持绿色金融发展,运用再贷款、再贴现等货币政策工具引导金融资源流向绿色产业;将绿色债券、绿色贷款纳入央行合格担保品范围,推动绿色发展;设立绿色金融发展专项资金,对有效进行服务产业转型升级的金融机构给予财政奖补;构建绿色金融风险补偿机制,对金融机构支持绿色转型发展时因不可抗力产生的损失提供相应的风险补偿等。

三是绿色金融相关基础设施建设取得成效。包括通过建设绿色信息披露机制,为金融机构绿色金融产品定价和风险识别提供较好的平台。加强绿色信息披露,对绿色资产贴上"绿色标识",帮助金融机构化解环境信息不对称问题,为绿色金融产品和服务的定价和风控提供更准确的依据;以绿色项目库建设为抓手推动绿色项目认定评级。

四是切实加强监管,防范风险。包括将绿色金融有关情况纳入宏观审慎评估(MPA)考核,引导金融机构审慎发展绿色金融业务;建立区域性绿色金融同业自律机制,促进绿色金融规范发展;探索监管机制创新,促进金融机构绿色转型,建立地方性"绿色银行"监管评价体系,实现绿色银行评级、绿色运营监测的自动化、精准化、常态化和可视化;建立绿色金融风险预警机制,开展信贷风险监测与压力测试,探索建立绿色金融风险防范化解机制等。

下一阶段,绿色金融试验区将以问题为导向,坚持市场化取向,更加主动作为，积极探索。一是探索完善绿色金融的标准体系；二是优化绿色项目库建设；三是推动法人金融机构开展环境信息披露；四是深化绿色金融的体制机制创新等。此外，要进一步完善体制，形成绿色金融有效工作的合力，力争更多体制机制创新，为我国绿色金融发展探索出可复制推广的经验和模式，从而提升绿色金融支持实体经济绿色转型的能力，促进我国经济可持续发展。

中国金融开放与全球投资

祁斌　中国投资有限责任公司副总经理

李彤　中银国际控股有限公司首席执行官

洪灏　交银国际研究部主管

竺稼　贝恩投资私募股权（亚洲）有限责任公司董事总经理

陈宏飞　光大安石董事长、首席执行官

戴乐贤　穆迪投资者服务公司亚太区首席信用总监

将对外投资和中国近 14 亿消费者结合起来

今天我们理解中美关系有一个非常重要的视角。两者之间竞争领域越来越多，但双方关系的基调还是合作，合作的空间远远大于竞争。这是设立中美制造业合作基金的初衷。目前中国的对外投资需要在不确定的世界中寻找确定性，唯一的办法是努力将对外投资和中国消费的增长结合起来。

中国对外投资在过去 10 年激增，尤其是直投增长了近 100 倍，但有相当高的比例打了水漂。有些人居心不良想转移资产,有些人出发点是好的,但可能没什么好的办法,因为跨境投资的难度是超乎大家想象的。

目前出现的中美贸易纷争,是"偶然中有必然"。即便中美之间中长期来看有不可回避的竞争关系,我们仍希望通过某种方式来引导中美关系进入良性竞争。中国克服对外投资的困难,也能够促进世界与中国共赢。这是巨大的挑战。

2018 年 8 月,高盛和中投发布公告称,两家机构合作推进的中美制造业合作基金首期 15 亿美元已经募集完成。除此之外,中投还与日本的野村、大和、东京三菱、三井住友和瑞穗 5 家机构合作了中日产业合作基金,又与英国汇丰控股合作,拟设立 10 亿英镑规模的中英合作基金。

光是做双边基金,可能依然困难重重,需要搭建一个跨境投资的公开平台,或者生态系统。在中美贸易战硝烟四起时,中投与高盛举办了中美产业合作峰会,寻找两国之间沟通共赢的渠道和空间。

建立一个中国特色的主权财富基金的管理模式,一是能够帮助中国经济加速现代化的进程,二是能够使中国的发展惠及世界。依托中投论坛这个平台,大家能够团结在一起,形成一个生态系统,才可以降低盲目性和成本,提高有效性。

祁　斌

2018 年是中国新一轮金融开放的元年

2018 年是中国新一轮金融开放的元年。从年初的博鳌论坛到 11 月的上海国际进口博览会,这期间中国宣布了一系列对外开放的举措,放宽金融业和金融市场的准入,推进国内金融市场与国际金融市场互联互通,加快国内资本市场改革,吸引全球投资者参与。

一个更为开放的金融市场必然要做好面临更多外部冲击的准备,这也对保持金融市场的稳定性提出了更高的要求。我们可以从金融市场和金融机构两个方面思考此问题。

对于金融市场,要进一步优化市场基础设施,加强市场机制和法治建设,丰富金融产品和工具,完善宏观审慎管理框架,这是最基本的市场化要求。

从金融机构来看,要进一步提高各自机构的风险管理意识,强化财务约束意识,坚持稳健经营的思路。国内金融机构的公司治理要进一步提升,总体来说,在全社会还是要建立起更完善的合规文化。

中国金融业的开放使国际投资者共享中国发展的红利。从全球范围来看,经过前期风险因素的逐步释放,中国资本市场的长期投资价值也在逐步凸显。

全球金融市场经历了几轮大幅调整,脆弱性也显著上升。2018年以来,新兴市场股票指数和汇率指数都有明显的下跌,中国金融市场不可避免地受到了波及,这是国内金融市场跟外部金融环境互相作用下出现的新的情况。实际上,从市盈率看,上证综合指数的市盈率不到 11 倍,预计 2019 年会下降到 10 倍左右,全球第一大经济体美国的市盈率在 16 倍,日本达到了 15 倍。

更值得注意的是,中国经济潜在的增速仍然居于全球前列,这是不能忽视的,尽管中国经济增长的短期不确定性上升,但国内经济增速、市场规模、就业和通胀都是在一个合理的平稳运行区间内。中国经济基本面和抵抗外部冲击的韧性也高于大多数的新兴经济体。

李　彤

系统性风险的爆发点在 2020 年之后

虽然我们的杠杆率或者债务的偿付能力已经不如 10 年前，但是目前仍有偿付能力。危机的爆发点或者系统性风险的爆发点，并不像大家想的那么近，可能是在 2020 年的下半年之后。

从家庭资产负债表来看，家庭的房贷负担能力或者可支配收入/房贷的比例大概在 39％到 40％左右，基本与 2007 年和 2010 年持平；从地方政府的偿债能力来看，可以把地方政府到期的本金和利息由下到上汇总，结果显示，2019 年是有能力偿付的，但是到了 2020 年的下半年，地方政府债务集中到期，这个时候会产生一个偿付的危机；从公司的债务方面来看，国有企业和地方政府的偿付能力其实是比 2015 年、2016 年的时候好，但是民营企业的偿付能力的确在下降，这是比较让人担忧的事情，不过并没有到达危机的程度。

2018 年市场非常不好。2018 年开年时，大家觉得是复苏的一年，结果却看到了在全球市场范围内，美国一枝独秀，以中国为首的新兴市场不断往下跌。2018 年市场的挑战有外部因素也有内部因素。从内部因素来说，一些供给侧改革制约了生产，导致内生的增长潜力不能够充分地释放；另外，去杠杆的政策抑制了表外业务、影子银行的发展，实体经济由于不能得到充分的信贷支持，增长出现了一定的减速。

去杠杆的目标并不是不好，但是在传统的意义上来说，经济学家计量杠杆的时候，总是把债务比上 GDP，用一个存量的概念比上流量的概念，然后得出比例过重的结论，就要去杠杆；但是从美国、欧洲和日本去杠杆的结果来看，杠杆可能越去越高，所以说传统经济学上对去杠杆的定义是有问题的。

　　至于中国经济的周期问题,2018年中国经济增长放缓,市场进入了比较困难的阶段。这主要还是因为市场是反映经济的晴雨表,2018年经济不好,直接造成市场的下行,外部因素造成市场加速下行。中国经济有一个内生周期,一般一个周期是3到4年,中国的经济周期从底部到顶部再到底部。2019年正好是周期的开始,或者会复苏。在这个复苏的阶段,由于预期被重塑,各种各样的政策要出台,一些旧的杠杆、债务问题要出清,底部的区域一般是动荡的,总体上2019年比2018年要好。

洪　灏

外资入华障碍多,金融市场需进一步开放

　　作为一个外资基金的管理人,我觉得在中国投资障碍太多、准入门槛太高、运作空间有限。中国需要进一步开放金融市场。

　　2008年金融危机后至今,欧美发达国家的主要金融机构通过提高资本金、加强风险管控、加强监管来解决遇到的问题,已经度过危机,重新回到了正常的轨道。而中国金融行业仍然有很多的问题,存在着相当大的系统性风险,为了化解风险,我们需要进一步开放,进一步引入市场机制,让市场成为资源配置的主要力量。

　　贝恩3年多前将一家投资过的中国企业卖给某家A股上市公司时,为了两家企业能够更好地融合,对方要求贝恩留一部分股权。项目审批经历了一年多的时间,审批之后还有一年多的锁定期,因为我们是持股超过5%的投资人,所以根据规定,每个季度减持不能超过2%。

　　把上述诸多限制集中于一个波动较大的资本市场,就会让外资觉

得 A 股市场的进入门槛高、退出难度大。

很多人都说现在 A 股市场的价值已经凸显,我个人也非常同意这个观点,但问题是发现了价值后如何去实现,如何能够顺利退出。坦率说,我们现在是看见价值,不敢投资。

中国金融市场的开放,不光对国内金融市场发展有好处,也非常有助于化解中国在全球经济贸易体制中和重新搭构全球贸易体系时遇到的风险。

过去 40 多年,中国是全球现有的国际贸易体系最大的受益者之一,我们有必要维护现在的国际贸易体系,进一步开放中国的金融市场。

竺　稼

加大金融对外开放，倒逼国内金融机构提高服务质量

现在很多杠杆继续借新还旧,没有真正考察有些贷款业务现金流收入是不是能真正覆盖利息率。我认为可能只有加大金融对外开放,引入更多的竞争,才能倒逼我们的机构去提供更好的服务。

作为一家房地产基金公司,光大安石通过建造、经营、租赁和维护购物中心、办公楼、酒店、物流,为需要持续稳定现金流的投资者提供服务。

我们在 10 年前开展业务的时候做了一个推断:随着中国经济增速放缓,经济增长率下降,稳定长期的现金流对大家是有意义的,成熟的经济体需要这样的现金流。

不过,这个推断在目前国内的环境下,似乎仍未实现。

中国地产总的趋势是基础收益率逐步下降,包括写字楼、零售物

业和工业物流等。那么,相比美国,投资中国的房地产收益究竟如何呢? 在此列举两种不同的情况。

一种情况是考虑无杠杆的情况下,如果在中国的一线城市可以接受 4.5％ 的价格,在二线城市可以接受 6％ 的价格。相比之下,我们对美国的二线城市 retail(零售)则会开到 8.5％ 的价格。因为中国仍然有较多增长和服务改善的空间,虽然中国的资产价格贵一些,但仍然有比美国更好的市场。在实体经济角度,我们是有信心的。

但如果在考虑银行融资和募资的情况下,结论就不一定了。目前在中国向银行贷款,有去杠杆的因素,融资成本已经在 6％ 左右,而且通常还被要求提供担保。对比来看,在美国的银行融资成本只有 3.75％。所以实际上,中国的盈利和增长空间没有那么大的利息差距。另外就是缺乏长期股权投资。

这样看来,问题可能出现在金融体系。

以光大安石某个中心区域的购物中心为例,平均买入收益率在 6％～8％ 的水平,每年增长率为 10％,这已经算是拥有较强运营能力的结果。这背后需要严谨的逻辑支撑:如果租金要提高,意味着租售比需要提高,人流量、平均提袋率和人均消费成本等数字都不是凭空产生的。

我们肯定是盈利能力比较领先的管理机构,我不觉得我们能支付短期高息,但为什么还有那么多社会融资支付 12％、13％ 的短期利息,甚至更高的利息? 真的覆盖得了吗? 真的可以还本吗? 但现在是不是有足够的逻辑能够保证收益增长覆盖本息呢? 我们对此存疑。

这套逻辑在中国的住宅市场更行不通。目前中国一二线城市住宅的租售比在 2％ 左右,而一些三四线城市的住宅可能根本租不出去,不存在租售比。那么,竞争金融资源的企业承诺以 10％～15％ 的利息去做一个未来收益只有1‰～2‰的业务，并不可行。也基于此，光大安石目前投资的房产类型中，住宅的占比非常小。

我们总说1‰～2‰的收益率是因为我们中国老百姓没有好的投资渠道，如果我们能更放开一点，中国的钱可以自由地投到外面去，可能是好的选择，总比把钱存到可能空置的住宅上好。而这倒过来也会迫使中国的机构去提供更好的服务。有海外的机构投资人认可我们的长期现金流策略，但美元的进出还是有较多时间成本，如果放开点，可以为中国的经济体提供更多长期股权投资人，带动中国金融体系的进步，也会让中国的经济体更健康。

陈宏飞

去杠杆在不同省份影响不同，山西、天津、辽宁受影响最大

去杠杆行至中段，目前已经进入"稳杠杆"的阶段。中国金融的系统性风险比外部观察到的要低得多，但中国金融系统之复杂，使得之前的去杠杆措施很有必要，而资本流动性也不容忽视。

无效的信贷将导致更低速的经济增长，虽然不一定会导致金融危机，但可能会导致经济停滞，例如日本目前的状况。而穆迪研究表明，去杠杆成果显著，一定程度上推动了信贷效率的提升。目前的政策放松可能会减缓再融资压力，但不会消除债券违约。

穆迪的研究进一步发现，去杠杆的效果在不同省份和区域并不一致，例如山西、天津和辽宁受到的影响最大，云南、湖南和浙江次之，而新疆、青海、内蒙古、黑龙江等地受到的影响最小。有些地方的国有企业偿债比超过1，它们的利润一旦无法覆盖债务，就会增加这些地方

经济的脆弱性。

除了中国金融系统内部存在盘根错节的关系,不同行业之间也相互关联,包括影子银行、地方政府、国有企业等,而这都会造成金融冲击。现在中国金融风险概率很低,但省一级的风险则高一些,可能省一级会有些经济压力。

目前中国资本跨境流动的稳定有助于人民币汇率的稳定,但目前中国经常账户已经发生结构性的变化,由高顺差变为顺差缩小,目前接近零。这种结构性变化将为中国管理汇率带来更大的挑战——急剧缩小的经常账户顺差将要求更大的资本净流入,以保持汇率的稳定。

戴乐贤

金融监管和风险管理

吴晓灵　清华大学五道口金融学院理事长兼院长
范文仲　北京金融控股集团董事长
张承惠　国务院发展研究中心金融研究所原所长

金融监管关键在于统一认识

2003 年银监会的成立,标志着中央银行与银行监管分设,监管按金融业态,银行、证券、保险分设监管机构的格局在中国形成。银监会的分设在中国产生了积极的作用,但也带来了新的问题。

积极作用是提高了货币政策和银行监管的专业性,在风险处置中产生了强大的制衡。比如 2004 年处置德隆系风险,实现了证券公司客户结算资金的第三方强制托管;2005 年开始的农村信用社改革,实现了用央行票据购买信用社 50% 的资产损失,促进农村信用社改换机制;2005 年央行通过外汇注资、成立汇金公司,进行国有商业银行股份制改造上市;等等。这些改革在央行内,让行长协调各司局是很困难的,而在单一责任下则能更好坚持原则。

而央行与银行监管分离的弊病,是削弱了货币政策执行的力度、加大了市场摩擦。

监管机构是否与央行分设,各国并无定论,这在法制健全的国家问题不会太大,大家按市场规则做即可,但在中国的环境中,监管机构与央行分设将对金融格局产生影响。

在法治不健全时,金融机构更会在意有审批权的机构的意见,央行的调控措施面对市场,不会直接面对个别机构,因而当央行调控与监管意见有差异时,监管的意见会得到更多的重视,央行的调控效果会打折扣;中国的监管机构负有监管与促进行业发展的双重职责,监管规则的制定与执行常常会在政府的发展要求和自身利益的追求下妥协;行政色彩浓厚的监管和金融基本理念认识的偏差,使得监管机构有"地盘意识",不能很好地贯彻功能监管的理念。于是在综合经营的市场需求日盛和管制过多的情况下,市场出现了一些混乱。

2008年爆发的金融危机带来了许多经验教训,其中有几点对监管体制的变化有重大影响:一是只有金融机构的微观审慎监管未必能带来宏观金融稳定,于是有了宏观审慎的概念;二是跨市场的全面信息和跨市场的风险分析是风险预警和风险处置的重要条件,危机后各国都加强了监管协调;三是作为金融市场流动性最后提供人的央行需要更多更全面的金融信息,在金融稳定中发挥更大的作用;四是要加大对金融消费者的保护,形成审慎监管与行为监管双峰监管的理念。

面对金融危机后国内国际形势的变化,监管体制再次引发讨论。在央行与监管的关系上,有几点很重要:一是确立货币政策和宏观审慎双支柱框架;二是在系统重要性金融机构和金融控股公司的监管上央行要承担更大的责任;三是要加强金融综合统计和金融基础设施建设。

2017 年第五次全国金融工作会议宣布设立国务院金融稳定发展委员会,委员会的办公室设在央行;而此后的国务院机构改革方案中又将银监会、保监会合并成立银保监会,并将拟订银行业、保险业重要法律法规草案和审慎监管基本制度的职责划入央行。

这一变化从制度上保障了央行宏观审慎职能的履行。银监会、保监会的合并意在强调对银行和保险公司的审慎监管,以增强它们对公众的支付和赔付能力。央行与商业银行监管的关系未能从机构设置上解决,而是通过党的书记兼任来协调。

在现有的监管格局下,完善中央银行货币政策、宏观审慎双支柱框架,关键是要统一对金融产品的法律关系和产品的金融性质的认识,这是制定监管规则、落实监管分工的基础,也是监管协调的基础。从金融立法的角度看,立法工作应减少对行政的依赖,更好地落实科学立法、民主立法。监管机构应在法律框架下履行职责。立法工作也应改变大修大改的做法,而是根据实践的需要对关键条款进行及时修改,以适应监管工作的需要。

吴晓灵

积极抓住主动开放的机遇,实现对外开放与风险管理的平衡

对外开放的同时应注重风险管理机制,对各个国家也应该以平等互利取代数量上的"一刀切",并注重吸引人才。中国是贸易大国,我们不能够全面地、无底线地开放,我们的开放还是要有步骤、有规划。

目前,对于中国金融的对外开放有诸多讨论,究竟是应该全面开

放,还是应该放慢节奏?基于金融开放的历史,我分享两个对外开放的经验。

第一个经验:一个国家对外开放的程度,应该根据其所处的历史时代而定。

比如国力强盛时的汉唐时代,对外开放对国家是有利的,因为这些王朝可以在确立贸易条件和贸易规则的基础上,主动扩大开放。

但在国力强的时候也有很多历史教训,比如明朝中后期对外贸易慢慢变成了"朝贡贸易",脱离了商业化。清朝初期,由于对郑成功这些海外反清政权的担忧,清政府实行闭关锁国。另外,在科技上盲目自大,造成整个国家在一个比较强的情况下的落后。到了清朝末年,在国力非常弱的时候又被迫开放,导致国家的主权、经济的主权受到了极大的伤害。

这说明我们不能站在一点上看开放,到底是应该开放还是不应该开放,要看我们所处的历史时代。

第二个经验:大国和小国的开放策略是不一样的。

在历史上,有很多小国可以高度开放,比如作为贸易中转站,或者以一个产业为中心,靠外需生活,靠外国的供给来发展,实现高度的开放。

但大国则不同,大国不能完全依靠外部的供给,经济必须靠内需拉动,一些核心的资源领域还需要自己拥有。比如,古代的粮食、近代的能源、未来的信息技术,这是作为一个大国不能够完全丧失的。一个大国如果不设门槛地全面开放,就有可能走入陷阱,拉美国家,像阿根廷、墨西哥都犯过这样的错误。所以在开放的时候我们要考虑国家的大小。

基于上述两个经验,我认为下一步对外开放有以下三个重要原则：

一是对外开放和风险管理要平衡。现在中国做的是取消数量性的限制，但还应该要有风险的管理机制，要通过机制的设置来取代当年数量性的负面清单，提高管理的效率。

二是要用平等互利取代"一刀切"。

三是要从吸引资金的开放到吸引人才的开放。现在大家还是以吸引直接投资的数量作为指标，但是在未来，要看有多少国际人才愿意到中国来工作和生活，这才是开放追求的最终目标。

范文仲

明确政府和市场的关系仍是深化改革核心

当下，国有企业和民营企业都存在内部风险治理缺陷，明确政府和市场的关系仍是深化金融改革的核心。

"有形的手"既要计划经济的控制力，又要市场经济的效率。中国以银行主导的间接融资结构可控性强，但效率低；资本市场效率高，但风险大。

与此同时，国内金融市场中的投资者非常分散，如果市场出现了比较大的波动，特别是在中国国家信用支撑的问题没有完全解决的背景下，政府介入程度越来越深也有一定的道理。

进一步深化金融改革可以归纳成三点：

首先，明确政府和市场的关系是深化改革的核心。政府管了很多的事情，有些事情不应该管，有些事情管不好。比如，政府和民营企业的理想状态是一种"亲情关系"：一个前提是廉政建设，政府官员要自律，外加接受纪检、审计、督查等形式的监督；二是要大量地减少政府支配资源的权力,否则,"亲情关系"很难建立起来。

其次,要抓公司治理的龙头。最近几年金融风险的内在源头是公司治理缺陷,除了需要市场纪律约束之外,控制金融风险还需要市场主体有内在的约束力,要有内在的抑制短期获利冲动的控制力。

最后,深化金融领域市场化改革。自主决策、自主经营、自担风险、自负盈亏、自我发展是市场化金融机构的基本要求。但放眼国内机构,能符合这些要求的金融机构不多,应该使金融机构成为真正的市场主体。

市场经济最核心的机制就是优胜劣汰。在国内,优胜劣汰机制发挥得非常有限,特别是市场化的退出机制,到目前为止基本没有建立起来。金融机构的激励和约束机制也是不够健全的。

在金融科技迅速发展的大背景下,监管部门如何跟上潮流,用科技尽快地提升监管能力、改善监管的效率,是非常大的挑战。

张承惠

数字货币和电子支付的未来

周小川　中国金融学会会长、中国人民银行原行长

数字货币和电子支付的发展非常迅速，人们预期电子支付将来会在很大程度上改变支付行业的状况。以下，我从多个角度来谈谈这个话题。

金融业和 IT 业的关系回顾

过去有的研究人员说，金融业，特别是商业银行和保险业的企业，原则上就是 IT 企业，因为它们干的事主要是数据处理，货币绝大多数也已经数据化了。以我国为例，现钞在整个货币体系中的比例只占 5％ 到 6％，其他都表现为存储在计算机里的 0 和 1。银行给一家企业贷款，依据的是这家企业在这个地区、这个行业的历史数据，并对这些历史数据进行处理，从而判断这家企业能不能贷款、需要什么样的风险溢价。保险业更是这样。再者说，任何一家 IT 企业都有用户界面，也就是说它最终还在某一个领域跟用户打交道。金融企业其实也一

样,这个用户界面可以看作零售网点或一些柜台业务。当然,我认为这个说法稍微有点过,但可以认为金融业大概有一半左右的业务和IT行业差不多,金融业可以说是半个IT行业。因此,传统的金融业历来也是IT行业和现在所说的Fintech(金融科技)最主要的用户。

我们用时间序列来看待金融业在几个主要IT应用领域中的发展变化,可以看出金融业与IT行业关系紧密,金融企业几乎是IT企业最大的采购商,也就是用户。

第一,计算能力。早期的计算机到现在的云计算都是。第二,存储能力。金融业过去是存储设备最大的购买商。现在因为有了音频、视频、语音等信息形式,这些比结构化数字和文字占用的存储量大得多,金融业不再是存储设备的第一大用户了,但仍旧是重要的用户。第三是网络。金融业高度依赖网络,早期说的通信、远程通信其实也是网络,只是年代不一样,说法不一样。第四是数据库。金融业算是最大的数据库用户,虽然现在已经不再说数据库了,而是说大数据。总之,从时间序列来看待金融业和IT技术的关系,可以看出二者确实联系非常紧密,同时也是一种相互促进的关系。

可以说,金融业受益于IT技术的发展,得以提高金融服务的数量、质量和效率,因此金融业应该是真心欢迎竞争、欢迎新技术的。当然,金融业和IT技术相互之间也有竞争关系,所以金融机构有时候也会表达不同的意见或对某种技术有抵触态度。但总体看,金融业和IT技术的关系是紧密的。

供给侧和需求侧对 IT 行业的看法有所不同

从需求侧来看,IT行业一个关键的领域就是支付领域。支付对国民经济具有支撑性作用。支付体系真正需要的就是效率，首先要高效，其次成本要低，最后还要安全可靠，不能出问题——这既包括个人隐私，也包括交易的可靠性。这方面如果出问题，对国民经济和对整个社会的冲击都可能很大。

从供给侧来看，新技术会不断出现。有人发明了新技术，就要推销新技术，推销的角度可能是从技术特性出发，说它有什么特点、这个特点可能对你有什么用。这与需求方的角度有时候不太一样。比如区块链技术出现，后来发展为分布式账本技术。这种技术可能在某些金融领域、金融市场、金融交易中会发挥作用，未来还可能有新的发展前景。但我们也要看到，区块链技术推销的几个特点，有一些关系到支付体系未来的选择，也有一些不见得是需求方最为关切的内容，比如去中心化。去中心化究竟是不是金融体系、支付体系最核心、最值得关切的问题？这是需要考虑和研究的。此外，技术的发展有的是台阶式的，台阶有高有低，差距可能很大；还有的是飞跃式发展或颠覆性发展。因此，我们需要作出判断，哪些属于台阶式的发展，哪些属于颠覆性的发展。对于那些有可能从根本上改变传统业务的技术，我们需要特别留意。

由于供给侧和需求侧对技术的看法有时候并不一样，所以就涉及协调问题。在协调过程中会出现扭曲和一些风险。扭曲主要在三方面：

一是把新产品、新技术当成投机赚钱的工具，认为通过市场交易在金钱上会大有收获，便早早地推到市场上进行买卖；

二是一些技术应用没有把其潜在的金融服务能力发挥出来，而是瞄向如何多"圈"点钱，特别是消费者口袋里和存款账户里的钱，过度考虑是否能够模仿银行来吸收公众储蓄。中国人民银行从 2011 年开始发放第三方支付牌照,后来发现,有一部分牌照领取者实际上对于支付科技,以及提高支付效率、降低支付成本不太感兴趣,他们真正感兴趣的是收取预付款。

三是 IT 行业会出现"赢者通吃"的现象。"赢者通吃"跟我们原本的目标有所不同。我们希望通过竞争性发展实现寻优,使得最好的技术能够凸显出来,最终供大家使用。

弄清楚数字货币和电子支付的概念

对于数字货币和电子支付的概念已有很多讨论,但目前的讨论在概念和用词上有时候是自说自话,缺乏沟通。国际清算银行(BIS)曾经发表了关于央行数字货币的文章,首先讲的就是术语问题。术语并非简单的技术问题,因为从术语上可以看出我们究竟要从哪些角度来看待技术的发展。

第一个角度是,新出现的货币是数字形态的,还是物理形态的。现在的货币绝大多数是数字形态的。当然,也有人说,数字形态的货币只适用于基于区块链技术的加密货币,如果不是基于区块链的数字加密货币,就不能被称为数字货币。这点还有待讨论。

第二个角度是,数字货币和电子支付是基于通证(token)的,还是基于账户(account)的。从中国的发展历程来看,从过去的信用卡到现在以手机为基础、以二维码为特征的应用,都是基于账户的做法。

第三个角度是,支付工具和数字货币是为零售服务的,还是为批发服务的。如果是批发,就有可能涉及中央银行的功能。此外还有局部的零售,比如大学校园卡就是局部零售型的。之所以在这方面有区别,是鉴于当前中央银行和商业银行、第三方支付体系的分工局面,同时也涉及对系统安全性、稳定性、可靠性的考虑。

国际清算银行在做了这些区分后，数字货币就可以分为央行的数字货币或私营部门的数字货币。当然，这个私营部门概念比我们通常说的更广。如果是商业银行发行的数字货币，不管银行所有制如何，都属于非央行的、私人部门的数字货币。当然，数字货币也可以通过PPP(公共部门和私营部门合营)来发行。央行因为负有维护币值稳定、金融体系稳定的职能，所以会注重这个方面。私营部门如果没有建立合理的机制、法规条例及激励机制，有可能只关心市场份额、效率、成本，而不一定关心币值稳定。但经过一段时间探索，如果私营部门的数字货币的币值不太稳定，有人就创造出了盯准央行货币的数字货币，称之为"稳定币"。这也表明市场会产生币值稳定的需求。

不过，我认为国际清算银行对这些术语分类还不太完整，还需要考虑其他一些特性。

比如，电子支付究竟是借记型的还是贷记型的。我们现在看到的中国第三方支付的主流都是借记型的，但是也出现了很多P2P公司根据贷记型的支付特性给予贷款。

比如，币值究竟是锚定的还是非锚定的。现在看来，大家还是比较注重价值有锚定的数字货币。

又如，数字货币是加密的还是不加密的。理论上，有人会说某家的货币是绝对安全的，但是现在看来做不到绝对安全，市场是"魔高一尺，道高一丈"的。其实仔细观察电子支付和数字货币，会发现它们几乎都是加密的，但是加密的环节不一样：有的加密在货币持有者上，有的加密在支付环节上，有的加密在通证传递环节上。总之，不可能都不加密，否则很容易受到攻击。

再如，究竟在哪个层次上允许数据留存。因为数据留存涉及出现纠纷应该怎么执法的问题,但更多的是涉及隐私是否能得到很好保护的问题。

数字货币和电子支付可能的发展方案

概念和区分清楚后,我们可以看出,数字货币和电子支付的发展可能会有多种方案,在竞争中发展前行,未来可能是不确定的,这就给央行和监管部门都提出了挑战。

中国人民银行在 2016 年成立了数字货币研究所,负责研究 Fintech 和数字货币。这就表明,央行可以组织这方面的研究,但无法确保央行研究的方案会是最优方案。技术在不断演变,确定技术选择是有风险的。还有一种办法就是设计一种多渠道研发、相互竞争的机制。然而,由于技术投入使用有一定的过程,因此,要保证不管技术投入是成功还是失败,后果都是可控的。要以可控的方式推进技术投入,不能放任不管。万一某种方案试验出来,出现了巨大的漏洞或失败,就会损害社会经济发展,造成社会经济的不稳定。所以,要设计研究的方法。众所周知的一种方法就是英格兰银行主张的"沙箱"。但是"沙箱"这种方法对于一些比较小型的技术选择和试验可能更加有效,对于太大的技术选择还不一定够用。

与此同时,我们还要认识到,有一些业务属于金融基础设施,就是具有公共性的,而且对稳定性、安全性的要求比较高。金融基础设施如果出了问题,影响会比较严重。过去,印钞造币和建设清算系统,明显属于金融基础设施。如果将来能建成一个社会信用系统,那也是一种金融基础设施。

G20 所创办的"金融稳定论坛"和国际清算银行都设置了有关金

融基础设施的委员会,比如国际清算银行下设支付与市场基础设施委员会(CPMI)。对于金融基础设施,我们要考虑到它和经济体系中的其他基础设施具有类似性。既然金融基础设施有公共性,是不是就要由公共机构来承担建设?我个人认为,倒也不一定。私人部门有时候也可以建设金融基础设施。当然,私人部门还是要在政府指导和监督之下来建设;也可以以 PPP 的方式来建设。我要强调的是,私营部门如果参与金融基础设施建设,必须要有公共精神。所谓公共精神就是,准备为公共服务,而不是准备利用建设金融基础设施的特权或优势,过多地为个人或个体谋利。诸如有些公司把一些数据在市场上倒卖,这就是缺乏公共精神的表现。

发展支付体系和数字货币还应该考虑自身对货币政策传导性的影响,这也是对金融稳定的一种考虑。如果说公共精神、安全性、稳定性、保护隐私等方面都考虑了,但没有考虑和货币政策的配合关系,没有考虑对货币政策传导的支持度,也是有危险的。因为货币政策传导机制是经济体宏观调控的重要渠道,如果货币政策缺少传导机制,宏观经济就会失调。我在任中国人民银行行长时,中国人民银行和业界联合推行了一个 DC/EP 研发计划。DC(Digital Currency)是数字货币,EP(Electronic Payment)是电子支付,中间一个斜杠意味着两者既可以是"和"的关系,也可以是"或"的关系。也就是说,数字货币和电子支付并不需要对立起来,实际上是可以选择的,其目的都是实现支付体系的高效率、低成本和安全可靠,而不是仅从某一个供给商的角度,认为只有某种技术才是最应该选择的,才算新技术。

进一步而言,支持货币稳定和货币政策传导性的其中一个安排就是,任何一家支付机构都应该有 100％的备付金,这一定程度上也是参考了香港回归时的做法。香港在 1997 年回归之前,有两个发钞银行,即汇丰银行和渣打银行,香港金融管理局并不直接发钞。后来,香港回归祖国,中国银行加入发钞的行列。所以实际上香港是商业银行在发钞,央行在管理。其中一个重要管理手段就是,每发行 7.8 元港币必须交付 1 美元作为备付证明书。这么做也有其他方面的考虑,也就是说,货币发行机构并不能像 19 世纪二三十年代的"野猫银行"那样,而是要有所约束。

我们必须考虑到当今世界各国共同要求并共同协调的"反洗钱"和"反恐怖融资"问题。"洗钱"和"恐怖融资"显然对社会有很大的危害,因此我们在技术开发方面需要对此有一定的公共性觉悟。技术可能会被用于好的方面,也可能会被用于不好的方面。例如某项生物技术的发展可能对治病和生态会有好处,但也可能被什么人拿去做生化武器。所以,需要对技术有所把控。有一批电子支付和数字货币技术出现后,还没有得到较为广泛的普及,就被暗网(Dark Net)人士在逃税、洗钱、军火买卖、人口贩卖、假凭证贩卖等方面加以应用,这些交易希望匿名,希望不受监管的追查,因此,新的支付体系和数字货币必须能够有效地符合当前"反洗钱"和"反恐怖融资"的要求。

跨境支付是一个重要议题

电子支付和数字货币已经对支付行业产生了重大的影响,那么它们也必然有可能对跨境支付带来重大影响。

从技术上看,电子支付和数字货币会给跨境支付带来便利性。从需求方看,我们承认当前全球跨境支付确实有很多不便之处,效率不高。但是,跨境支付和境内支付的要求也有所不同。跨境支付涉及货币主权。一国的宏观政策主要调节国内的经济,但我们需要关注跨境支付在什么程度上会影响宏观调控、货币主权政策的调控。

跨境支付会不会影响金融稳定呢？金融稳定问题一定程度上发生在新兴市场。我们看到，新兴市场存在汇率贬值、资本外流的情况，其中比较显著的是 2018 年春天阿根廷、土耳其、南非、印度、印度尼西亚、俄罗斯的金融不稳定现象，不少国家都被波及，程度也不太一样。因此，如果有了跨境支付，对金融稳定的考虑又多了一个因素。

此外，前面提到，如果数字货币在国内是一种"稳定币"，必然要盯住本国的主权货币，那么，国际跨境支付以后，有没有一个基准要盯住呢？我认为，可能也需要有一个基准，这个基准不管比例如何，但在某种程度上会很像 SDR，是一种混合的货币。单独盯住一种货币或盯住黄金，都有缺陷，但是目前国际上还没有形成有精准支付能力的稳定的货币篮子。

最后，跨境支付可能还需要有全球性的协调机构，但现在并没有一家全球性的央行。各家央行，尤其是有的国家的央行，特别强调央行从立法角度就是为本国经济服务的，没有任何义务考虑政策溢出和对其他国家的影响。但实际上从全球金融危机以来，大家都知道货币政策有溢出效应问题（宏观调控包括财政政策都可能有溢出效应问题），所以各国之间需要协调。因此，电子支付和数字货币也需要在全球央行之间进行协调，从而来支撑跨境支付。此外，除了协调之外，还要防止一些其他方面的做法。比如，有些国家热衷于使用金融制裁，这会对货币的结构、对电子支付和数字货币的特性产生影响。

从技术上来讲，在电子支付和数字货币取得进展的基础上，大家必然会考虑在跨境支付方面有所作为。但是，还需要解决更多的问题，才能够真正把跨境支付做得更好。

金融立法比金融立规更重要

殷勇　北京市副市长

从国际上看,每次大的金融危机之后,都是促进金融治理完善的好时机。金融危机使得问题和缺陷暴露得比较充分,后果呈现得比较直接,大家都能够感受到,容易形成共识。因此,大的金融危机后,往往也是金融立法推进的好时机。

以美国为例,1929年大萧条以后,通过了《1933年银行法》,也就是《格拉斯－斯蒂格尔法案》,严格划分了银行业务的不同性质,确立了分业经营与监管制度框架;还通过了《1933年证券法》和《1934年证券交易法》,确立了全国证券交易的监管体系,很多基本规则一直沿用至今。2008年次贷危机后,美国制定了《多德－弗兰克法案》,建立了新的金融监管框架,强化了对系统重要性金融机构的监管,增强了对金融消费权益的保护等。

从国内看,虽然改革开放40余年以来,中国没有发生金融危机,但这期间也有不少较严重的金融动荡。近期以2015年股市大幅度跳水为代表,在那之后,政府更加注重防范化解金融风险,并将其列为三大攻坚战之首,在银行、证券、保险、金融控股公司、资产管理、互联网金融、打击非法金融活动等方面出台了系列监管政策,对金融活动加强规范。

相比较而言,这些金融治理活动更加侧重于立规而不是立法。根据《中华人民共和国立法法》,我国的立法体系分成三个层次。第一个层次是法律,由全国人民代表大会和常务委员会行使立法权。第二个层次是行政法规,由国务院制定。第三个层次是地方性法规、自治条例、单行条例,由省、自治区、直辖市的人民代表大会及常务委员会制定。

同时,《立法法》规定,国务院部门和地方政府可以根据法律、行政法规、地方性法规,制定国务院部门规章和地方政府规章,其制定、修改和废止,依照《立法法》的有关规定执行。现状是,由全国人民代表大会及其常务委员会行使的金融立法权相对比较少,行政法规尤其是规章在金融治理中应用得比较多。目前,全国人大及其常委会颁布的金融法律共 10 部,其中,全国人大颁布的是《中国人民银行法》,全国人大常委会颁布的有 9 部,其他的大量都是以行政法规尤其是规章的形式颁布的,总计超过 4000 部。成熟经济体更加重视以法律的形式建制,而我国更多以规章的形式建制。这两者看起来都是整章建制,但是有很大差异,最后导致政策的效果也不同。

金融治理立规稳定性弱于立法

由于"法"和"规"的制定主体不同,制定程序不同,效力也不同,两者之间还是具有很大的差异。其中一个很突出的差异就是稳定性不同。通常来说,立法门槛相对比较高,所以法律相对来说比较稳定,而规章制度相对来说制定门槛比较低,就容易变化。这种稳定性方面的差异,就导致立法和立规在实际执行效果上呈现出很大的不同,至少表现在以下三个方面:

一是在一致性上呈现出很大不同。

由于法律在制定的过程中要经过法律案提出、多次审议、表决及公布这样一个严格流程,要经过座谈会、论证会、听证会、公开征求意见等系列安排,这样严格的程序保障了法律具有较好的部门一致性和历史一致性。规章制度则不同,由于制定过程不像制定法律那样要求严格,主管部门操作空间较大,有可能会为了追求短期目标或部门利益而频繁变化,造成部门之间不一致或前后不一致。

比如,从部门一致性来看,过去有一些部门从本位主义出发,为了促进自己管辖领域的行业发展,制定规章放松监管,使得行业盲目扩张,与其他部门的监管制度产生冲突,最后出现了很多监管套利的行为,给整个金融体系造成风险。从历史一致性来看,目前很多金融乱象,历史上都有过教训,也出台过政策开展治理,但是,政策后来出现反复,乱象还是不断发生。比如,非法从事金融活动的现象每隔若干年就会严重爆发一次。

二是对未来预期的形成呈现出很大不同。

稳定的政策环境有助于形成稳定的预期,不稳定的政策环境当然不利于形成稳定的预期。没有稳定的预期,企业和投资者就很难开展长期的、战略性的投资与决策活动。近期民营企业反映的问题,除了融资难、融资贵等,还有一个很重要的就是政策易变,难以形成一个稳定的对未来的预期。现在,不少部门纷纷出台政策来支持民营企业,一些监管规则也相应得到了修正。但问题是,一些人担心过了一段时间以后,监管部门的关注点会出现调整,这些规则又变回去了。易变的规则容易出现矫枉过正，反而可能增加预期的不稳定性。如果能从立法的角度，对制约金融更好地服务民营企业发展的结构性问题加以处理，可能更有利于民营企业建立稳定的预期。

三是对治理能力的提升呈现出很大不同。

每次危机之后的立法，都是把经验教训以法律的形式固化下来，变成未来行政监管的规矩，使得监管能力在吸收过去的经验教训的过程中不断得以提升。我们看到，不少成熟经济体，虽然金融危机仍然会发生，但随着立法的不断加强，危机的间隔在拉长，犯重复错误的可能性在降低，这反映了一种自我学习的机制。而从"立规"来说，上次总结的经验教训很容易随着行政部门的人员变化而改变，难以做到经验积累的固化。政府部门人员流动性比较强，尤其是一些主要负责人，他们很可能没有经历过上一次的危机，不理解现有监管政策的历史含义，随着环境的变化和短期目标的驱使，每次对规则的改变看起来都理由充分，这就导致经验和教训难以传承。所以给定时间，就会发现立法更可能使得治理能力稳步增长，而立规常常导致问题反反复复，而且伴随着监管部门面临人才流失的局面，新立的规矩质量降低，导致治理能力不仅没有提升，反而还会下降。

金融立法应着重考虑三方面内容

因此，完善金融治理，立法比立规更重要。今后我们在推进加强金融立法的过程中，有三个方面的内容应着重考虑：

一是要明确规定允许金融资产价格有正常的波动。

市场经济主要是靠价格去调节供给和需求，价格的波动实际上就是市场出清的过程，这对股市、债市、汇市等金融市场都适用。所以，供给需求发生变化的时候价格自然要变化,如果一味地追求价格稳定,就有可能导致供给需求的不匹配,从而发生扭曲,一段时间后,积累的负面效应一定会显现。对金融市场而言,扭曲的结果就是风险得不到及时释放,积累到一定程度就会导致风险集中爆发,造成更大的波动或危机。因此,金融市场需要通过价格不断地变动去提示风险、管理风险、释放风险。这一点,需要用法律的形式确定下来,让监管者和市场参与者都明白而且接受价格的波动,避免在管理活动中由于强调稳定而出现频繁干预市场的行为,创造一个让市场在资源配置中发挥决定性作用的良好环境。

二是要明确规定对金融活动持续保持审慎监管。

要金融更好地服务实体经济,就必须尊重它自身内在的运行规律。要求金融自我繁荣,脱实向虚,是不尊重金融规律的一种表现;要求金融服从于而不是服务于实体经济,也是违背金融规律的表现。由于直接跟金钱打交道,金融其实天生具有很强的创新性,打破规则约束的动力很强。同时,金融也具有很强的外部性,金融出问题对实体经济冲击巨大。因此,相比创新和发展而言,我们更应关注的是如何保持定力,对金融活动保持一致性的审慎监管。

三是要明确规定对非法金融活动进行及时打击。

对非法金融活动,管和不管的效果是很不一样的。比如对虚拟货币,2013 年,人民银行等 5 个部门就发布了《关于防范比特币风险的通知》;后来又出现了代币发行,即 ICO,2017 年 9 月,人民银行又牵头 7 个部门发布了《关于防范代币发行融资风险的公告》,并开展对虚拟货币违法交易行为的集中打击。叫停 ICO 的时候,北京虚拟货币平台累计的用户是 448 万,日均的交易金额达 1 亿元,仅 2017 年 6 到 10 月 ICO 的募集资金就超过了 70 亿元,出现了蔓延扩散的苗头。由于处置措施及时，风险得以有效化解，目前境内的非法活动基本上被取缔了。但是，目前也存在对一些领域的非法金融活动的认识不到位、治理不及时的情况，造成较大的风险隐患。

总之，为了更好地从历史上和国际上有效吸取经验教训，避免频繁和重复犯错误，推动我国金融业持续健康发展，加强金融立法比金融立规更重要。每次危机后的一系列立法行为，就是为了防止未来"好了伤疤忘了痛"，立法的过程就是系统深刻地总结和固化教训的过程。因此，我们要更加重视并积极推动金融立法。

去杠杆应有新思路

徐高 光证资管首席经济学家

去杠杆是供给侧改革五大任务之一,旨在抑制中国经济中债务的过快增长,以增强经济增长的持续性。不过,在2018年,去杠杆政策并未取得预想效果,却带来了一系列副作用。去杠杆政策效果不佳的主要原因是在政策施行过程中陷入了过于注重杠杆率分子及过度收缩信用扩张等几个误区。进入2019年,有必要反思这些误区,采用更符合实际的新思路来指导去杠杆政策。这样方能最终达成构建长期健康经济增长之目标。

事与愿违的去杠杆

在2016年全面启动的"供给侧改革"中,去产能、去库存、去杠杆、降成本、补短板是五大政策任务。其中,去杠杆的矛头直接指向中国持续上升的债务规模,试图延缓乃至逆转杠杆率上升的态势。

去杠杆政策的初衷自然是好的。根据国际清算银行的估计,中国非金融部门总债务占 GDP 比重从 2008 年年末的不足 140％快速上升到了 2018 年的超过 250％。如此之快的债务率上升速度给宏观经济稳定带来了隐忧。而在微观层面，不少企业也陷入了债务负担过重、自身"造血"能力不足以支付其债务本息，必须要借新还旧来维持的"僵尸"状态。因此，有必要抑制债务规模的过快扩张，并大规模处置"僵尸企业"，以避免债务危机在中国爆发。不过，囿于一些认识上的误区，去杠杆政策在落实的时候方向有偏，造成明显的副作用，还事与愿违地推升了杠杆率。

出于历史原因，中国的金融体系为银行所主导，债权型的间接融资占据了社会融资的大头。为了抑制存量债务规模的增长速度，债权型融资占主体的社会融资就自然成为去杠杆政策打压的重点，这让"紧信用"一度成为金融政策的主导方向，并在 2018 年随金融去杠杆政策（尤其是资管新规）的落地而达到高潮。其结果是社会融资规模的增长明显放缓，货币政策传导路径受阻。宽松货币政策只能在金融市场（尤其是银行间市场）带来流动性过剩，却无法通过社会融资的扩张而传导到实体经济中去。于是，实体经济"融资难"和金融市场"不差钱"的反差局面浮现。

随着融资约束的收紧，中国实体经济增长动能明显减弱。基建投资一直是中国经济增长的重要引擎，其增速在过去几年都维持在接近20％的水平。但是，在 2018 年，其规模却因为融资匮乏而明显下滑至4％，创下了 10 年来的新低——曾经的增长稳定器在 2018 年变成了下行压力的主要来源。在这样的背景下，中国经济景气度明显下滑，GDP 增速在 2018 年四季度创下了近 9 年来的最低值，通缩压力也卷土重来。

从结构上来看，去杠杆政策更为明显地造成民营企业的融资困难。2018 年,在实体经济融资难的背景下,民营企业相对地方国企和央企的信用利差拉大到了历史高位,表明在"融资难"环境中,民营企业融资成本上升得更多。这造成民营企业经营状况的大面积恶化,明显打压了企业家信心。由于民营企业还大量通过股权质押从资本市场中获得融资,民营企业的困境也通过这个渠道传导至资本市场,带来了金融风险,让国务院各相关部委不得不在 2018 年出台化解股权质押风险的诸多政策。

如果说前面罗列的这些不利后果还可以用去杠杆阵痛来勉强解释的话,去杠杆政策所带来的中国杠杆率攀升之恶果就无可否认了。2018 年,随着去杠杆政策的强化,中国工业企业资产负债率一改过去数年持续下降的态势,明显走高。2018 年年末工业企业资产负债率比 2017 年年底高出了约 1 个百分点。除了 2018 年,如此之高的资产负债率涨幅在 2008 年之后就再没在中国出现过。

以上的这些事实表明,去杠杆政策并未在 2018 年实现其政策目标,反而带来了实体经济的融资难,以及随之而来的沉重经济增长下行压力。由于民营企业在去杠杆政策背景下受伤更重,经济结构也随之恶化。去杠杆政策更是明显推升了中国债务率,结果与目标南辕北辙。因此,有必要反思去杠杆政策陷入的误区,并在未来拿出新的思路,从而真正实现去杠杆的初衷。

去杠杆的误区

中国的去杠杆政策之所以会产生事与愿违的结果,主要是因为陷入了以"压分子"与"紧信用"为首的几个误区。

（一）去杠杆的"压分子"误区

过去中国去杠杆政策的误区之一是过于看重缩小债务率的分子，忽视了做大债务率分母的重要性。抛开经济背景而单独来谈债务规模是没有意义的。对一个资产规模100亿元的企业来说，10亿元的债务不算什么；但是，对一个资产规模15亿的企业来说，10亿元的债务就太多了。所以，有意义的谈论债务的方式是谈论债务率——债务规模与其他一些经济指标的比率。最合适的债务比率是资产负债率，即一个经济主体的债务占其总资产的比重。但在分析一个国家的时候，因为国家的总资产很难精确估计，所以用得更多的是债务占GDP的比重（除非特别注明，本文中说到的GDP都是指名义GDP）。其实，严格说起来，债务是存量，GDP是流量，债务占GDP的比重是存量与流量的比率，这个比率的经济意义不如资产负债率那么明确，但考虑到它的易得性和广泛使用度，用这个比率来谈国家总债务率也可以接受。

所以，当我们在说去杠杆的时候，我们其实说的是降低债务率——降低资产负债率、降低债务占GDP的比例。而在设计去杠杆政策时，需要认识到债务率的分子与分母之间是相互联动的。试图压缩债务率分子的宏观政策有可能也会影响到分母，甚至让分母受影响的程度更大。陷入过于关注债务率分子的误区，而没有对分母的变化保持足够敏感性，这是中国资产负债率在2018年不降反升的重要原因。

要抑制作为债务率分子的债务总规模的扩张速度，要么得压缩债务存量的规模，要么得减少债务增量的规模。但要知道，债务存量具有刚性,不是想减少就能减少的。对借了债的债务方来说,债务是刚性的本息偿付承诺,不可轻易毁约(毁约就是债务违约)。而对放了债的债权方来说,道理也是一样的,债权方也不是想提前收回债务就能收得回来的,一切都要按照债务合同来进行。所以,要在短时间内压缩债务的存量规模是不现实的。能动的只能是债务的增量规模——通过压缩债务增量来降低债务总规模的增长。

因此,当去杠杆政策把目标设定为抑制债务总规模的时候,就自然会将政策压力集中在债务的增量规模上。但是,要用规模较小的增量来解决规模较大的存量问题是困难的,在短期内也难以见效。用国际清算银行估计的中国债务率来反推,中国 2018 年的存量债务规模大概在 230 万亿元。而中国 2018 年新增社会融资规模中的债权型融资总量接近 19 万亿元。换言之,2018 年中国债务的增量规模不到存量规模的 1/10。因此,尽管 2018 年债务增量规模确实比 2017 年小了不少(2017 年社会融资增量中的债权型融资超过 21 万亿元),但债务率中分子部分的增长率下降得并不明显。

尽管去杠杆政策对债务率分子的影响不明显,却让作为债务率分母的 GDP 受到了更大的负面影响。需要认识到,实体经济中的大部分债权融资需求是合理的——比如企业为了给有利可图的投资项目融资而发行债券。过于严厉地打压债务的增量规模,必然会抑制实体经济的经济活动,拖累经济增长。正如前面所说的,名义 GDP 是个流量,统计了一段时间内经济中最终产品的总价值。流量的 GDP 比存量的债务规模对债务紧缩更敏感。在 2018 年的去杠杆政策推进过程中,中国 GDP 真实增速明显放缓,且通缩压力也卷土重来,从而让名义 GDP 增速下滑的幅度比债务增速下滑的幅度更大。这样一来,以债务比 GDP 的比率来衡量的债务率就反而更快上升。

以资产负债率衡量的债务率会同时上升。因为从收入法角度核算，GDP 等于一段时间里经济中居民工资、企业利润和政府税收的总和。GDP 增长的放缓也就意味着居民、企业和政府收入现金流的恶化。这会自然地表现在各类资产回报现金流的恶化上。由于资产的价值决定于其未来所能产生的现金回报，资产价值也就会因此而缩水。所以，在以资产负债率衡量的债务率中，作为分母的资产价值也有着比分子更大的对去杠杆政策的弹性。因此，企业资产负债率会因为去杠杆政策而走高就不奇怪了。

（二）去杠杆的"紧信用"误区

中国的金融体系为银行所主导，融资方式以通过银行进行的间接融资为主。这样的金融体系产生于当代中国金融发展的历史中，不可能在短时间内明显改变。在这样的金融体系中，全社会债务增量主要来自银行向实体经济投放的信用（主要包含银行信贷和银行购买的非金融债券）。当把去杠杆的着力点放在压缩债务率分子的时候，去杠杆政策在货币金融领域就自然会表现为"紧信用"——试图通过紧缩银行向实体经济的信用投放来降低债务总规模的增速。

中国人民银行会按月公布社会融资规模数据。这个数据统计了实体经济从各个渠道获得的金融体系的融资金额。在社会融资规模中，绝大部分是银行信用。因此，信用紧缩的去杠杆政策必然带来社会融资的低增长，从而在实体经济中催生融资难问题。2018 年，中国新增社会融资规模约 19 万亿元，比 2017 年少了大概 3 万亿元。宏观层面社会融资规模的收缩带来了微观层面对各类实体企业融资约束的收紧和实体企业资金链的紧绷。企业投资活动因而大幅萎缩，债务违约事件数目也大幅攀升,经济增速随之走低。

尽管人民银行从 2018 年上半年就开始放松货币政策来对冲信用紧缩带来的不利后果,也有人相信,一边通过"紧信用"来降低债务规模的增速,一边通过"宽货币"来降低利率,进而降低利息支出,可以更好地去杠杆。但是,如果懂得货币政策的运行机制,就会知道"紧信用"与"宽货币"两个政策导向间存在内在矛盾,会导致货币政策传导路径的阻塞,阻断央行宽松货币政策意图向实体经济的传导,也无法切实降低实体经济的利息支出负担。

中央银行的货币政策意图要传导到实体经济,需要经过货币政策传导路径。这个路径由两个主要环节组成,一个是中央银行向金融市场(主要是银行间市场)投放基础货币,另一个是商业银行体系向实体经济投放信用(也即广义货币的派生)。在这两个环节中,中央银行有直接掌控力的是第一个环节——基础货币投放多少完全由中央银行决定。而商业银行信用派生则只是间接受到中央银行的调控——中央银行通过控制银行间市场中基础货币的多寡来间接影响商业银行的信用投放节奏。

所谓的"宽货币",指的是人民银行加大向银行间市场的基础货币的投放。从 2018 年至今,人民银行已经数次下调了存款准备金率,释放了数万亿元的基础货币。银行间市场的利率水平也明显走低。但是,在"紧信用"的政策约束下,商业银行尽管拥有了越来越充裕的基础货币,却难以增加向实体经济的信用投放,从而使得宽松货币政策导向难以传导到实体经济中,货币政策传导路径阻塞的局面随之而生。这样一来,就形成了实体经济融资难与金融市场流动性泛滥并存的反差格局。这一方面带来了经济增长的下行压力,另一方面又催生了金融资产价格的泡沫风险。实际上,在 2015 年中国曾经历过类似的局面。当时中国的 A 股市场在经济持续走弱的背景下吹出了一个大泡沫，并最终形成股市大幅度跳水，严重冲击了金融体系的稳定。

在"紧信用"的约束下，"宽货币"也无法降低实体经济的利息负担。宽松的基础货币投放可以降低银行间市场的利率水平。但是，因为银行体系向实体经济的信用投放受阻，银行间市场利率的下行难以传导到实体经济里的利率水平上去。而后者才决定了实体经济的利率负担高低。10 年期国债收益率是中国银行间市场中的代表性长期利率。2018 年，10 年期国债收益率累计下降了接近 1 个百分点。但在同时，银行贷款加权平均利率却不降反升，表明实体经济面临更高的融资成本。

在"紧信用"带来的融资难环境中，民营企业遭受着更大压力。相比国有企业，民营企业的规模相对较小，抵御经济下行的能力较弱，抵押品也相对较少。因此，在信用紧缩的环境中，民营企业的融资约束收紧得更加厉害，民营企业的经营状况比国有企业更恶化。而这反过来又增强了金融机构对民营企业的风险规避行为，让民营企业的融资约束进一步收紧。这样的恶性循环让民营企业举步维艰，并一度引发社会上对"国进民退"的普遍忧虑。在这样不利局面的背后，"紧信用"的去杠杆误区难辞其咎。

（三）去杠杆的其他误区

围绕去杠杆的误区并不仅仅只有上面所说的"压分子"和"紧信用"两个——尽管这两个是危害最大的误区。下面罗列一些阻碍去杠杆目标达成的其他误区。

一个误区是对基建投资回报率的误读。乍看起来，基础设施建设项目的投资回报率普遍偏低,大部分甚至还覆盖不了利息成本。所以,有人将基建投资的投融资主体——地方政府融资平台——视为需要不断借新还旧的庞氏骗局玩家,因而相信地方政府债务风险极高,需要推行地方政府的去杠杆。但需要认识到,基建项目大多是公益性项目,其投资回报率的相当部分是外部性的,体现在社会层面,而无法变成项目本身的现金流。因此,要正确评价基建投资回报率应该站在社会层面算大账。把基建项目当成一般的投资项目,只看到微观层面的项目现金回报率,而不站在社会层面更为全面地算大账,是误判基建项目的融资性质,过于严厉地推进地方政府去杠杆的原因。

另一个误区是对"债转股"抱有不切实际的过高期望。将债权融资转换成为股权融资,看上去似乎既可以增加企业资本金,又可以降低企业债务,从而立竿见影地降低企业资产负债率。这是有人将去杠杆希望寄托在"债转股"政策上的原因。不过,需要认识到,对企业来说,股权是比债权成本更高的融资方式,因为股票投资者会索取更高的风险溢价来补偿自己持有股票的风险。许多企业之所以会陷入债务陷阱中,正是因为其投资回报率较低,难以负担债权型融资的融资成本。将债权融资换成股权融资,企业投资回报率不足以负担融资成本的问题非但没有解决,反而还加重了。而对股票的潜在买家来说,是否愿意接盘一个投资回报率还赶不上债务成本的企业也是个大问题。因此,"债转股"可能对部分长期经营、前景良好但短期债务负担较重的企业是适用的,却并不能成为推进全社会去杠杆的良策。

再一个误区是忽视中国去杠杆政策的国际外溢效果。中国已经是世界第二大经济体,其国内政策将不可避免地给国际经济带来明显影响。中国通过去杠杆来降低国内债务风险的理由似乎是成立的。问题是,中国的储蓄率大概是 40%,两倍于世界其他国家和地区的平均水平。当中国这么一个高储蓄率的国家要削减债务规模时，储蓄率更低的国家又有多大能力加杠杆来吸收中国的富余储蓄呢？债务加在中国会带来风险，加在储蓄率更低的国家难道不会带来更大风险吗？实际上，随着中国紧缩性去杠杆政策的推进，全球经济都感受到了需求下滑的寒意。对中国这么一个高储蓄率的大国来说，有必要通过适度加杠杆来创造需求，从而在国家上树立"负责任大国"的形象。通过去杠杆来将需求不足输出到别国，正在极大恶化中国所处的国际环境。

去杠杆要有新思路

2018 年中国经济运行的状态表明，去杠杆政策的良好初衷并未实现，反而加大了经济增长的下行压力，恶化了经济结构，并推升了中国的杠杆率。之所以会产生这样事与愿违的结果，主要是去杠杆政策在实施中落入了前述几个误区，让政策效果与政策目标南辕北辙。2019 年是全面建成小康社会目标实现的关键之年。在这一年，有必要在反思去杠杆误区的基础上，拿出新的去杠杆思路，从而在维持经济平稳增长的前提下让去杠杆的目标得以更好实现。

2019 年的去杠杆需要以"做大分母"和"放松信用"为两个主要导向。具体来说，就是以做大债务率的分母为主，以结构性抑制债务率分子的过快扩张为辅，从而实现债务率的下降，此为其一。其二是"宽货币"和"宽信用"政策并举，以疏通货币政策传导路径，将金融市场的过剩流动性导入实体经济，化解实体经济的融资难问题。

前面分析过，在债务规模比 GDP 的这个债务率中，分子具有较强的刚性，若用政策来强行压制反而会让作为分母的 GDP 收缩得更明显,推升债务率。因此,更可取的办法是通过较为宽松的宏观政策来推动经济的平稳增长,并消除通缩的压力。实际上,在 2016 年与 2017 年,中国因为经济增长加快,债务与 GDP 比例的上升速度曾一路下降至停滞水平。只是在进入 2018 年之后,才由于过度严厉的去杠杆政策而重新明显上扬。过去几年的经验已经从正反两个方向表明,推动经济增长、做大债务率分母,才是去杠杆的正途。

就资产负债率衡量的债务率而言,通过资产价格泡沫来去杠杆固然不可取,但寄希望于以资产价格下跌来去杠杆则更不合逻辑。只要经济能够保持平稳增长,资产回报的预期自然会改善,从而带动资产价格的合理上升,同样能带来分母扩大式的去杠杆效果。

当然,在做大债务率分母的同时,也需要抑制分子的过快扩张。对于那些已无经营前景,完全靠债务维持的"僵尸企业",必须要坚决收紧其融资约束,促使其出清,从而将融资转移到更有投资前景的企业去。不过,针对债务率分子的政策应该是结构性的有保有压,而不是像 2018 年那样的全面紧缩,以免重蹈覆辙。

就货币政策来说,有必要实现"宽货币"和"宽信用"并重的格局,以疏通货币政策传导路径。只有保持融资总量的合理增长,才能防止融资难问题在实体经济中产生,并将金融市场中的低利率传导到实体经济中,从而降低实体经济的利息负担,增强其债务可持续性。此外,还有必要积极引导向民营企业的银行信用投放,并通过金融创新来增加民营企业的融资渠道,从而给民营企业营造一个宽松的经营大环境。

在中国国民经济的居民、企业和政府三大部门中,政府加杠杆的能力最强,风险也最低。因此,政府需要更有担当,通过自己的加杠杆来为居民和企业的去杠杆留出空间。政府所从事的基建投资在短期内能发挥稳增长之功效,在长期还能提升中国的竞争力和居民福利,且基建投资的回报率也并非如一些人所认为的那样不堪。因此,2019年中国有必要放松对地方政府的融资约束,以扭转2018年基建投资明显减速的不利局面,发挥基建投资经济增长稳定器之功效。

如此多管齐下,将能够让去杠杆政策在2019年以更适合中国经济实情的方式展开,既保证经济增长的平稳大局,又更好实现去杠杆之良好初衷。